中野信子

JN228652

シャーデンフロイデ

他人を引きずり下ろす快感

GS

幻冬舎新書

480

まえがき

私たちが「人間性」と呼んでいるものの正体は、一体何なのだろう。

これが、私を長い間、悩ませてきた問題です。

そもそも私たちが、普段「人間性」という言葉を使うときにイメージしているものは何か。たとえば、仲間や家族を助けることや、正義を行うこと、倫理に則《そく》して行動すること、そして誰かを愛することなどが、この言葉が指し示すものの具体的な姿でしょう。

良いもののように思われます。多分、それは素敵なものでしょう。

多くの人はこの「人間性」なるものを、無条件に良いもの、人間だけが持つ望ましい特徴、と捉えているようです。

でも、本当に〝良い〟ものなのでしょうか。

ひとたび「人間性」と誰かが口にするとき、それに対して疑念を抱くことは許されません。少なくとも、無言の圧力、抵抗感は必ずと言っていいほど生じます。

疑問を口にすればたちどころに、あなたには人間性がないのか。あなたは、人間のやさしさに触れたことがないのですか。愛されたことがないのですか——そうやって反論されるでしょう。

私は「愛」という言葉で表される何かが包含している、絶望的なまでの閉塞感を、そこに嗅ぎ取ってしまうのです。

よくよく考えてみれば、人間らしい特性には、残酷な側面も結構あるのです。大量殺戮《さつりく》ができる兵器なんて、他のどの生物が嬉々として創造するでしょうか？　しかも、同じ種の生物を標的にして——。

「人間性」は特に称賛されるべきものでも、美しいものでもなんでもない、ただのホモ・サピエンスの特徴だ——。それが冷静に思考した末の結論であっても、そんなことを人々の前で言おうものなら、あなたは頭がおかしいのではないか、と眉を顰《ひそ》められてしまう。人間性に対する疑念を表明するとたちまちのうちに、そんなことを考える個体はエラーであり、排除すべきだというアラートが人々の脳内に鳴り響く。誰かが音頭を取ったわけでもないのに、その言説を許すまいとする圧倒的な空気が生まれる。そこに全体主義的な何かを感じることさえあります。当然のことながら、反・人間性の旗幟《きし》を鮮明にすることは、人間の世界ではタブーなのです。

ですが、私はここで、長らく苦しんできたこの問題に、一定の解決を与えることを試みようと思いました。人間性、とされるものをもう一度、裏側から覗いてみたらそこに何が見えるのか。敢えてそれを、皆さんと共有してみたいのです。そうすることで、もしかしたら、私と同じように感じてきた人たちに、何かを受け取ってもらえるかもしれない。この閉塞感に、息をするくらいの穴は空けられるのではないか、と思いました。

巷間の「正義」を目にしたとき、こんな非合理性をどうして人間は珍重するのだろう、とずっと思ってきました。もっと合理的に振る舞えばいいのに、と解決のつかない気持ちに苛《さいな》まれました。

誰かに対する「愛」のために自らを犠牲にしたり、「愛」によって人生が狂わされていく人を目の当たりにしたとき、その人たちの選択を、理解することができませんでした。

理解できない私は、人間失格なのだろうか？

失格者は、人間社会から排除され、そのことによる不利益を甘んじて受けながら生きなければならないのか。

そういう人たちが排除されないための方法を長い間、模索してきました。

なるべく人間らしく見えるよう、わざわざ過剰に、愛に基づくと思われる行動を真似ておかしな振る舞いをしたり、人間性を信じたい人たちが一体、何を期待しているのかを捉えようといろいろなデータを集めたりしました。

その結果、わかったことがあります。それは、「愛」や「正義」が、麻薬のように働いて、人々の心を蕩《とろ》かし、人々の理性を適度に麻痺させ、幸せな気持ちのまま誰かを攻撃できるようにしてしまう、ということです。

愛は人を救うどころか、それに異を唱える者を徹底的に排除しようという動機を強力に裏打ちする、危険な情動です。

ですが、だからこそ甘美で、忘れがたい。生々しく、あたたかい。そのためになら、死んでもいいとさえ思う。いつでもヒトは、それを求めてしまう生き物なのかもしれません。

理性でコントロールされた生き方をするのか、それを知ってもなお、愛に生きるのか。決めるのは、あなたです。

シャーデンフロイデ／目次

編集協力　中村富美枝
DTP　美創

第1章 シャーデンフロイデ

シャーデンフロイデとは何か

「シャーデンフロイデ」は、誰かが失敗した時に、思わず湧き起こってしまう喜びの感情のことです。

その相手に対して、こんな感情をもともと持っていたら、この喜びはさらに強くなります。自分にだって、あれくらいのことはできる。それなのになぜ、あの人だけが不当に高く評価されて、いい思いをしているのか。

なにか不正な手段を使っているんじゃないか。色仕掛け？「イケメンに限る」というやつ？〝お友だち〟だから？

ゴマをすって、媚《こび》を売ってまで、利益を得たいのか。汚いやつ。ずるい。許せない——。

そんなあの人に、どうやら困ったことが起きたらしい。

それが原因で家族に去られ、仕事でも躓《つまず》き、損失を出して周りに迷惑を掛け、いまは失意のどん底にいるようだ。

いい気味だ。調子に乗るからだ。どうせならもっと痛い目に遭えば面白いのに。死ねばいいのに——。

いかがでしょうか。

この一連の流れの後半部分にあたる感情がシャーデンフロイデです。

前半は、説明するまでもないと思いますが、妬《ねた》みと呼ばれる感情です。これらは、ある種の週刊誌の売り上げを下支えする感情、といってもいいかもしれません。

あるある！　と素直に捉えてくださる読者もきっといると思います。

ただ、こうあけすけに書かれてしまうと、何ということをこの著者は書いているのだ、こんな話を理解できる自分であってはならない……と、もしかしたら読みづらさを感じてしまう方もいるかもしれません。理解しようとする認知プロセスに、強い倫理観が無意識にブレーキをかけてしまうからです。

でもこれは、本当は誰でも持っている心の動きなのです。第2章以降で詳しく説明しますが、むしろ倫理的である人のほうが、シャーデンフロイデを強く感じる可能性がありります。

けれども、自分がそんな気持ちを持っていることを、他の誰かに知られたくはない。自分にそんな感情があるなんて、ちょっと受け入れがたい。そんな抵抗感が心のどこかに生じてもおかしくはありません。

なぜならこれは、〝恥ずかしい〟感情だからです。自分はそんな人間ではない、という気持ちが先に立ち、自分の精細な心の動きから、思わず目を背けてしまいそうになるでしょう。

シャーデンフロイデという単語はドイツ語で、Schadenfreude と綴ります。Freude は喜び、Schaden は損害、毒、という意味です。

実はこの感情は、「オキシトシン」という物質と、深い関わりを持っています。

オキシトシンについての詳細は後述しますが、これは、愛情ホルモン、幸せホルモンなどと俗に呼ばれて、基本的には人間に良い影響を与える物質と考えられています。

愛し合ったり、仲間を大切にしたいという気持ちが湧いてきたり、安心感や活力、幸福感をもたらしてくれたりするなど心理的に好ましい影響があるだけでなく、たとえば身体組織の修復や成長を促したり、免疫グロブリンの量を増加させたりするなど、肉体的にも望ましい効果をもたらします。

しかしごく最近、オキシトシンがこれらの効果と同時に、妬み感情も強めてしまう働きを持つことがわかってきたのです。シャーデンフロイデが妬み感情と不可分であることを前提とすれば、オキシトシンは、妬みからシャーデンフロイデに至る一連の感情の流れを強めてしまう物質であると考えることができるでしょう。

不思議な感じがするかもしれません。なぜ「愛情ホルモン」「幸せホルモン」と呼ばれる物質が、こんな嫌らしい、持っているだけで恥ずかしくなるような感情を、同時に強めてしまうのでしょうか。

“幸せホルモン”オキシトシン

まず、オキシトシンという物質は一体何なのか。そこから、説明しておかなくてはならないでしょう。

ドーパミンやセロトニンと比べると耳慣れないかもしれませんが、人間と人間の相互作用を考える上では、最も重要であるといってもいいほどの物質です。

オキシトシンは、1906年に、ヘンリー・デールという人が発見しました。ちょっと変わった名前ですが、その由来は「迅速な出産」という意味のギリシア語からきています。脳下垂体をすりつぶした汁が、陣痛を引き起こすことを発見したデールは、この汁の中に、出産を速める物質が含まれているに違いないと考えて、その名前を「オキシトシン」と名付けたのです。

デールはさらに、この物質が、射乳（乳房から乳汁が出ること）を促す効果を持つことも発見しました。オキシトシンは、哺乳類の出産・授乳になくてはならない物質と言えるでしょう。

しかし、これだけではありません。

オキシトシンは、ホルモンとして身体に働きかけてさまざまな機能に影響を及ぼすというだけではなく、神経伝達物質として、脳内で重要な役割を果たしてもいるのです。

たとえば、ゆったりと温かいお風呂に入るとき、私たちはリラックスして、穏やかな幸せな気持ちにひたります。また、マッサージを受けると、筋肉がほどよく弛緩《しかん》して、血流も良くなり、心身ともに軽くなるような心地よさが得られます。

こうした刺激は、脳にオキシトシンの分泌を促します。適度にあたたかい環境で、リズミカルに触れられることで、分泌されることがわかっているのです。

そしてオキシトシンは、セロトニン、ドーパミン、ノルアドレナリンなど、従来よく知られている神経伝達物質に影響を与え、神経ネットワークや血流を介して、多くの連鎖反応で引き起こされる効果の最初の引き金として機能します。

その効果としては、

・血圧を下げる
・心拍が遅くなる
・皮膚・粘膜の血流量が増える
・筋肉の血流量は減少する
・コルチゾール（ストレスホルモン）濃度を下げる
・消化・吸収がよくなり、エネルギーの貯蔵を効率的に行う

といったことが挙げられます。

最後の項目に関しては、いわゆる「幸せ太り」と呼ばれる現象の原因と考えられます。皮膚の血流量が増えることで肌の色つやも良くなるでしょうから、古来、幸せで満ち足りた人がつやつやと福々しくまるい姿で描かれてきたことには、一定の生理学的根拠がある、ということになりそうです。

オキシトシンの働き　その1「安らぎと癒し」

もう少し、オキシトシンの基本的な働きについての話にお付き合いください。

この物質は、出産・育児だけでなく、人間が安らぎを感じるときに働くものだということ

とは前述のとおりです。しかし、本書のテーマである「シャーデンフロイデ」に密接に関わる効果があることについても、説明しておかなければなりません。

オキシトシンは、出産や授乳に関わるホルモンではありますが、メスまたは女性の体内でだけ分泌されるわけではありません。オスまたは男性の脳内にもオキシトシンは存在し、さまざまな働きをします。

たしかに、オキシトシンと女性ホルモンであるエストロゲンの間には深い関係があります。オキシトシンの働きはエストロゲンによって増幅されます。

その結果、一般的に女性的なものとされる包容力であるとか、協調性、人と仲良くなることを好む傾向、養育者としての適性といった性質が、強く現れるようになるのです。

しかし、男性にもこうした性質を強く持つ人は増えてきています。そう感じる人はたくさんいるでしょう。何なら、こうした傾向を持つ男性を〝オキシトシン男子〟と名付けてもよいくらいかもしれません。

戦う力や性欲、恋愛に対する強い情熱、そして稼ぐ力はそう高くはないけれど、人の話をよく聞き、なごやかで、やさしい。あまり他の女性に目移りすることもなく、貞操をまもる。一緒にいるとほのぼのとして、落ち着く。オキシトシンの分泌量の多さは、肌のきめ、髪のツヤ、見た目のかわいらしさにも反映されます。むしろ、近年のトレンドとしては、こういう男性のほうが女性から人気があり、モテる、という現象が顕著になってきているのではないでしょうか。

オキシトシンの働きをより詳しく調べるために、オキシトシンを分泌できないように遺伝子操作をしたマウスを使って行われた研究があります。

このマウスはすぐに死ぬことはなく、一定期間、生き続けました。つまり、オキシトシンがなくても、生きていくことはできるのです。

しかし、このマウスたちはストレスに極めて弱く（オキシトシンはストレスホルモンを下げる働きを持つ）、新しい環境に適応することが苦手でした。新しいスキルを学習することもできず、もともと持っていた基本的なスキルも忘れてしまったかのような振る舞いをしました。

職場が変わったり、結婚や転居などで周囲の人間関係が変わったりしたことでストレスを溜め込んでしまい、もともと持っていた能力はそう低くはないのに、力を発揮できずに苦しむ人をしばしば目にします。まるでこのマウスは、そうした人たちの姿を映し出しているようではありませんか。

こうした人たちにこそ、オキシトシンがもたらす癒しの時間が必要なのかもしれないと思うことがあります。

オキシトシンはストレスを軽減させるだけでなく、実際に傷の治りを速くしたり、痛みを和らげたりする効果も持っています。

たとえば、オキシトシンを注射すると、ラットの背中にある傷の治癒のペースが速くなることが知られています。さらには、炎症を抑える作用も認められています。

また、ラットは熱いものが前足や尻尾に触れたりすると即座に反応して足や尻尾をどけようとするのですが、オキシトシンを注射した後では、足や尻尾をどけるまでにかかる時間が倍になるという現象が見られました。ようするに、熱さを伴う痛覚は、オキシトシンによって鈍くなるということがわかったわけです。

視床下部にはオキシトシンを産生する部分があるのですが、ここから伸びていく神経線維を使って、痛覚に関係する神経に対して信号を送り、痛みの感覚を麻痺させるということなのでしょう。この効果は、注射を繰り返すと、より強力で、持続的になっていきます。注射の効果が1週間続いた例もあったそうです。

撫《な》でたりリズミカルに触れたりすることで分泌されるオキシトシンが、痛みや炎症を抑え、傷の治りを速くする。この効果を、人間も長い歴史の中で、経験的に利用してきたのかもしれません。

オキシトシンの働き その2「愛と絆」

オキシトシンは、あまりに多岐にわたる機能を持っているように見えます。それは、オキシトシンが個体だけでなく、人と人との結びつきを担当する物質だからでしょう。

人間関係に対して大きな注意を払う性質を持つ私たちヒトは、この物質の働きに意思の隅々まで左右されてしまっていて、容易にその範疇の外に出ることはできないのです。基本的な骨格としてオキシトシンの働きは〝愛と絆のホルモン〟という言葉で表現することができるでしょう。

まずは、環境との相互作用から見ていきます。

環境とヒトとの関係を見る上で、重要な特徴、場所への愛着です。安心できる我が家、住み慣れた街、危険度の比較的少ない場所を好ましく思う性質は、生きていく上でのリスクを低減するためにも、とても大切なことです。

オキシトシンを実験動物に注射すると、たとえばラットでは好奇心が増して臆病な振る舞いが減少します。これは、自分の巣を離れて、新しい環境を探索しに行こうとする行動が増えることからわかります。つまりオキシトシンには、不安を軽減する効果があるのです。

また、それは新しい環境だけでなく、新しく出会う相手についても同じことがいえるようです。相手を攻撃する頻度が下がり、接触を恐れなくなります。相手に寄り添い、近くにうずくまるようになるなど、友好的な振る舞いが増え、群れを作ろうとする傾向が高くなります。

さらに、

・子を産んだことのないメスでも、近くにいる子ラットを舐《な》めて毛づくろいをしたりするなど、急に母親のような行動を取り始める
・個体間の接触が増える
・つがいの形成が促進される
・より多くのオキシトシンを注射した場合には、催眠効果が見られる

などの効果があります。

加えて興味深いのは、ソーシャル・メモリー（他者との関わりの記憶）を増強するとい

う働きです。

たとえば、前に会ったことがある人を認識する能力がそれです。人の名前を忘れないという特技のある人について、記憶力のいい人だ、頭のいい人だ、と言われることがありますが、もしかしたら、シンプルにオキシトシンの分泌量が多いということなのかもしれません。

オキシトシンを投与した実験動物でも、以前に遭遇したことのある同種の個体を識別する能力が上昇します。こうして、顔見知りの関係が出来上がると、その個体を、初めて会う別の個体よりも好むという傾向が見られるようになります。

異性を選ぶときも同じメカニズムが働きます。あるオスが目の前にいるときに、同じ種類のメスの実験動物に対してオキシトシンを注射します。すると、その特定のオスを識別できるようになり、さらにそのオスを好んでパートナーとして選択するよう仕向けることができたという実験があります。他にもオスはたくさんいたのに、そのオスだけを選んだのです。

この個体同士の関係の特殊なものが、母子関係です。

ある相手と顔見知りになるとき、脳ではオキシトシンが分泌されて、心地よさを感じ、その相手に対する愛着関係が形成されていきます。母子関係では、出産・授乳というオキシトシンが一度に大量に分泌されるという身体上の大イベントが立て続けに起こるわけですから、否応なく密度の濃い愛着関係が形成されるのです。

これに安心感を持つか、息苦しさを覚えるかは母子の関わりの様相によって変わってくるようですが、少なくとも他の個体と比べて、ずっと強い絆が構築されることは確かです。

こうした絆は、スキンシップや近くに寄り添うなど、オキシトシンが増える刺激によってより強まります。

この絆には少し不思議に見える性質もあります。

1匹の実験動物にオキシトシンを注射して、他の個体のいるケージの中に戻します。すると、同じケージにいる他の個体も、まるで自分がオキシトシンを注射されたかのように、落ち着いた振る舞いをするようになり、実際にストレスホルモン値も下がるのです。

これがオキシトシンの効果なのかどうかを確かめるために、他の実験動物たちにオキシトシンの効果をブロックする拮抗薬《きっこう》を投与しておくと、この現象は見られなくなりました。

つまり、これらの現象はオキシトシンによって引き起こされていることはまちがいないのです。

いったい何が、オキシトシン注射の効果を、群れ全体に広めるのでしょうか？

興味深いことにこの効果は、他のラットたちの嗅覚能力を阻害すると、やはりなくなってしまうのです。ようするに、匂いを通じて、オキシトシンの効果は群れ全体に広がっているのです。ヒトでも同じ効果が見られるかどうかは慎重に考えるべきですが、匂いによって私たちも、仲間からの信号を受け取り、群れとして機能するように、もしかしたら出来上がっているのかもしれません。

また、面白いことに、オキシトシンは、考えや連想、記憶などによって活性化されることもあるといいます。

私たちヒトはテレビやラジオ、書籍、漫画、映画など、マスメディアを多用する特殊な生物種ですが、群れを形成するのにこうしたツールが大きな役割を果たしていることは論を俟《ま》たないでしょう。この本を読んでいるあなたにも、著者である私によるオキシトシンの信号が、伝わっているのかもしれません。

人間社会を構築する上でなくてはならない愛と絆のホルモン「オキシトシン」。

それではなぜこの物質が、シャーデンフロイデと関係するのでしょうか？

愛が憎しみに変わるとき

なぜ「愛と絆のホルモン」「幸せホルモン」という好ましい俗称で呼ばれる物質が、シャーデンフロイデなどといういやらしい、持っているだけで恥ずかしくなるような感情を、同時に強めてしまうのか——。

この章の冒頭で提示した矛盾は、実は「人と人とのつながりを強めるのが、オキシトシンの本質的な働きである」と考えると説明がつくのです。

もう少し専門的な表現を使うと「愛着を形成する」という言い方をします。誰かとの間に情緒的な特別な絆ができるとき、脳ではオキシトシンがその回路を形作るのに一役買っています。裏を返せば、人と人とのつながりが切れてしまいそうになるとき、オキシトシンがそれを阻止しようとする行動を促進するのです。

「私から離れないで」

「私たちの共同体を壊さないで」

「私たちの絆を断ち切ろうとすることは、許さない」

当然、男女の恋愛にも大きく影響します。友人や会社の仲間、地域共同体など、グループの関係も同様です。

最も大きな影響があるのは、子どもに対する母親の思いです。

オキシトシンは、出産時に子宮に働きかけて陣痛を促しますが、同時に脳では赤ちゃんに対する愛着が形成されます。

一般的には、愛情というのはそれだけで、人間にとって良いもの、好ましいものと考えられています。この本を読み進めてくださっているほどの読者であれば、まあ「可愛さあまって憎さ百倍」という言葉もあるよね……と、愛情にその裏側があることを、経験的に感じ取っている方もいるかもしれません。

ただ、社会通念というのは強固なもので、人によってはこのあたりから先のことを考えると心理的な負荷が高くなり、思考をやめてしまいたくなるような気持ちが湧いてくるかもしれないなとも思います。

愛情が持つ、ネガティブな側面

以下のような心の動きについて、多くの人は経験があるだろうと思います。

「自分はこんなに愛しているのに、彼の気持ちは冷めている」

「これほど尽くしているのに、彼女に振り向いてもらえない」

「子どものためにと思って、人生を捧げる思いで頑張っているのに、当の子どもはそんな思いなど頭の片隅にすらなく、身勝手に振る舞っている」

「会社のため、上司のためと思ってあらゆることを犠牲にして働いているのに、評価されない」

「無償の愛をもって献身的に尽くしても、ウザい、キモいと鼻で笑われる。軽蔑され、場合によっては犯罪者扱いされてしまう」

「こんなに愛しているのに――」

この感情が生起した後には何が起きるでしょうか。

想像してみてください。

愛という、一見素晴らしい感情にも、ネガティブな側面があるのです。愛情の深すぎる人は、オキシトシンの動態がバランスよいとはいえない状態にあります。実際に、心に痛みを感じているわけですから、オキシトシンはあればあるほど良いというわけでもないのです。適度なバランスが保たれているのでなければ、時には本人にとってつらいものとなってしまいます。

愛情を糧に成長するヒト

奇妙に感じられるかもしれませんが、愛はそれだけでは成立せず、深い憎しみがこれを裏打ちしています。

こうした考えは人間にとって、その拠りどころに疑念を抱かされてしまうような、本能的に不快感をもたらすものかもしれません。

母親から生まれ（21世紀前半の現代では、この様式以外の方法で子どもを産むことはほとんど不可能です）、そして養育者からのケアを受けて、私たち人間は育ちます。

そのケアの質には当然良し悪しがあるでしょうが、もう少し踏み込んで言うことが許されるなら、愛と呼ばれる何かによって引き起こされる養育行動がなければ、育つことができない生物であるとさえ言えるのです。

これは、甘ったるいポエムや精神論などではなく、実験的に明らかな事象です。有名なルネ・スピッツによる実験からわかったことですが、抱きしめる、撫でる、やさしく触れる、言葉を掛けるなど、愛情に基づく養育行動による刺激を完全に剥奪されて育てられた場合、ヒトでは半数以上の子どもが、成人を迎える前に亡くなります。

ヒトは愛情という得体のしれないものを糧に成長します。私たちヒトという種にとって

「愛とは一体何なのか」を考えることは、大きな負荷がかかる作業なのかもしれません。

少なくとも、それが「単なる物理的刺激」「単なる化学物質のやり取り」であったなどと考えることは私たち人間の心を少なからず乱します。私たちの脳はそういう仕組みになっているのでしょう。

ルネ・スピッツの実験について知ると、こんな実験をするなんて、頭がおかしいんじゃないのか、と思う人が少なからず出ると思います。そんなことを調べる意味がわからない、愛はもっとあたたかい何かであり、物理的に記述したり、物質に還元したりする必要はないはずだ、なぜそんな実験をするのか——と反駁したくなる気持ちが生じる人もいるでしょう。

そんな風に反駁したい気持ちが強く生起する人ほど、きっと人間らしい、いわば人間性豊かな人なのだろうと思います。ただ裏を返せば、愛に満ちた怖ろしいヒト、といえるかもしれません。

女の脳から、母親の脳へ

ヒトはその生の初めから、つまり、実際に個体同士としての母子関係が生じる前の、生命のスタート地点からすでに、オキシトシンの働きによってその存在を支配されています。

さらに言えば、生殖行動の段階から、その影響下にあるといってもいいわけです。なぜなら、オキシトシンは触れ合うことで分泌が増えるため、男女間の性行為によってもお互いの愛着が深まるからです。男性でも、射精の瞬間にオキシトシンが分泌されることがわかっていますが、とくに女性は、子宮頸部の刺激がオキシトシンの分泌を誘発するので、性交渉を持った相手に対して愛情を深めやすいといえるのです。

母親の脳は、妊娠時には高濃度のオキシトシンに支配され、幸せいっぱいで、おなかにいる子どもとの深いつながりを感じています。

また、出産時の子宮頸部への刺激によって、オキシトシンが大量に放出されることから、産んだ赤ちゃんに対してますます強い愛着を形成します。当然、出産方法や個体によって差はあるものの、いわば、女の脳から母親の脳への変化がここで起こるのです。

さらに母親は、授乳時にもオキシトシンが大量に放出されますから、それによって乳の出も良くなると同時に、赤ちゃんに対する愛着がより補強されていくことになります。その過程では、赤ちゃん自身の母親に対する愛着も醸成されていきます。

直接に触れなくても、その相手のことを考えただけでオキシトシンは分泌されます。

逆に、オキシトシンの働きを阻害する物質を実験動物に注射すると、その個体は子育てに無関心になっていきます。

このように、私たちが自分の意志で決定していると思っていることは、実際には、脳に分泌される物質に大きな影響を受けていることがほとんどです。

これらの反応は、目に見えない臓器である脳で起こっているために、私たちは自分が自分の行動を決めていると錯覚してしまいがちになるのですが、本当は行動の大部分が、ただ化学物質によって突き動かされているだけなのかもしれないのです。

しかしながら、特に子どもに対する愛着を強く持っている母親たちには、なかなかこうした考え方は受け入れにくいことでしょう。

こうした脳内物質の働きを説明すると、未産婦である女性や、男性にはあまり抵抗なく理解されることが多いのですが、既婚女性でなおかつ経産婦の方となると、愛情や愛しい気持ちを、化学物質の動きや生理的な現象として捉えることに抵抗がやや強くなるため、それが、理解を難しくしているように感じます。

これは、頭の良し悪しや、知能、理解力の高低という問題ではなく、ただひたすらに、愛というものの捉え方に本質的な相違があるということを示しているのだろうと思います。

ヒトの脳に、オキシトシンが大量に分泌されるイベントの前後では、ほとんど人が変わってしまったかのような変化が現れてくるものなのかもしれません。これは、出産前後で妻の人格が変わってしまったようだと、ほぼ一様に嘆く夫たちの声が聞かれることからも、確かなことであるように思われます。

母親の愛が重い

母親の愛は、海よりも深い、とよく言われます。

それはもちろんそのとおりなのですが、同時に、それは地球よりも重い——と感じたことはないでしょうか。

『週刊朝日』によれば、50代以上の母親世代500人と、20~40代の娘世代500人に対するウェブアンケートを実施した結果、「母親に支配されている」と感じる娘が少なくとも1割いたといいます。

(引用元:「アンケート実施　娘の1割が『母親に支配されている』と実感」https://dot.asahi.com/wa/2013120400034.html)

私たちヒトは、母親がいなければそもそも生まれてくることができません。また、母親がいなければ、成長していくことさえ難しい。そういう生物種です。養育者によるケアが、食物や飲み物以上に、成長にとって不可欠の要素だということもわかっています。

母親は文字どおり、自らの身を削るようにして、子どもたちを産み育てます。周産期医療の発達した現代では考えにくいかもしれませんが、出産は時に命の危険を伴うものであり、女性にとって長らく一世一代の命がけの大仕事でもあったのです。

そんな母親の脳では、子に対する強い愛着が形成されています。

愛着が果たす重要な役割の一つは、母親が子どもたちから離れないように仕向けることです。幼くてまだ単独行動をするには危険の多い個体に対して、母親のずっとそばにいさせ、その子が成体になるまでサポートさせるのです。

母親は子どもから離れると、強い不安を感じるように、オキシトシンによって、脳を変化させられているといってもいいでしょう。そして子どもと一緒にいる時間を、この上なく幸せなものと感じさせられています。

子どもが小さいうちは、こうした愛着を形成する機能はとても有効です。母親が子どもたちを守り、大切に養育していくためにです。

オキシトシンのやっかいなところは、子どもが大人になってからも、この愛着が消えず、残り続けてしまう点です。

ただ、大部分の母親は、子どもが独り立ちしていくことに寂しさを覚えながらも、同時にりっぱに成長した喜びを感じ、時間をかけてそのことを受容していきます。

毒親脳ができる仕組み

しかし、一部には、そうすることができない母親がいます。

そもそも、自身の愛着スタイルも不安定で、ストレスを感じやすく、不安感情を抱えがちである場合です。こうした母親は、自身の幼少期に形成された愛着パターンの影響を脱しきれず、オキシトシンの動態が安定的でないために、人間関係をうまく築くことが苦手です。

親しい間柄の人間関係の中では、相手が痛みを感じたり、苦しんでいたりするシーンを見聞きするのを避けて通ることはできませんが、こうしたときに、不安定型の愛着を持っている人は非常に強いストレスを感じることがわかっています。

もういい大人になっている子が苦しんでいるとき、それを見てあたかも自分がその苦しみを味わっているかのように感じてしまう。そこで有効な手助けができればいいのですが、子が苦しんでいる様子が我がことのようにつらく、そのつらさで自分自身がいっぱいいっぱいになってしまい、子に対して本当に必要なことはほとんどできなかったりします。

こうした人の扱いが難しいのは、「自分が我が子と同じように苦しんでいる」ことこそが、母親として正しいあり方だと信じている場合があるからでしょう。

客観的に見れば、子の苦しみに対する適切な対応が何もないわけですから、こうした母親の感じる苦しみは全く無意味であるばかりか、子どもにとっては負担以外の何物でもないのですが、彼女たちの脳内では、自分は母親として素晴らしい存在として認知されていると考えられます。

薄々そのようなことを感じている不安定型の母親たちもいないわけではなく、その場合は、感情的な指示を場当たり的に気まぐれに出したり、過干渉と感じられるような余計な口出しをしたりして、状況を悪化させてしまうことも少なくないようです。

彼女たちは相手が求めているものが何なのかを読み取ることがあまり上手ではありません。それゆえに、

「あなたのためを思って――」

「良かれと思って――」

「本当はこうしたかったんでしょう？」

「あなたを理解しているのはママだけよ」

という、特徴的なフレーズを口にすることがあります。

子どものほうはこんな言葉を聞くと、ひょっとしたら鳥肌が立つような思いをするかもしれません。母親は子である自分を思いやっているのではなく、母親自身の得体のしれない強い情動で勝手に動いている自動人形のように見えるかもしれないからです。

母親と書いていますが、当然、父親であっても似たようなパターンの人間関係が構築される場合があります。

無論、子どもにとっては、自分の一生を両親の心の空洞を埋めるために使うという選択は、非常に苦痛なものとなるでしょう。困難なことかもしれませんが、なるべくならその関係からは一日も早く脱出できるような工夫をすることを強く勧めたいところです。

不安型の愛着を持つ母親たちは、人と親密な関わりを持ちたい、いつも感謝されていたいという欲求でいっぱいです。

誰かを熱心に世話したいという気持ちが強すぎて、相手を辟易《へきえき》させてしまう。あたかも、水を与えすぎて鉢植えの植物を枯らしてしまう人のようです。子ども以外にも、パートナーなどに対しても同じような接し方をしているはずです。

こうした母親はいつも心に空洞を抱えていて、その空洞を埋める存在として子を必要とするのです。だからこそ、子どもが自分から離れていこうとすると、急にモンスター化してしまうのです。

私たちの幸せな共同体を壊すことは許さない――。愛と絆のホルモンが母親に発信させるそうしたメッセージの怖ろしさの片鱗を、少しでも感じていただくことができたでしょうか。

嫉妬と妬みの違い

嫉妬や妬みのような、嫌な感情について、具体的なシチュエーションを嘘くささが出ないように設定して説明するのは難しいものですが、やってみましょう。

たとえば同僚に、恋人ができたとします。

どんな人だろうか、とあなたは思うでしょう。

実際にその恋人に会ってみると、容姿もよく、仕事もできて、性格は穏やか。聡明で、頭が良く、実家も裕福。ステイタスと教養のあるご両親のもとで大切に育てられた、非の打ち所のない、誰もが羨《うらや》むような人である。

そういう人と首尾よくお付き合いをすることができている、あの人。

どうして、それが自分ではないのだろう。

どうして、あの人はそんな素敵な人とお付き合いできているのだろう？

自分だって——

こんな気持ちのことを、「妬み」と呼びます。

これは「嫉妬」と混同されることが多いのですが、心理学上は「嫉妬」と「妬み」は異なった感情として扱われます。

嫉妬が、自分が持っている何かを奪いにやってくるかもしれない可能性を持つ人を排除したい、というネガティブ感情であるのに対し、妬みは、自分よりも上位の何かを持っている人に対して、その差異を解消したいというネガティブ感情です。

その差異をどのように解消するかで、妬みもさらに細分化されます。

良性妬みと悪性妬み

自分がもっと魅力的な人間になって、その恋人よりもっと素敵な人とお付き合いしよう。こういう気持ちを、「良性妬み」と言います。自分が成長する原動力となるという点で、こういう形で妬み感情を持つことは、むしろ自分にとってプラスに働きます。

一方で、そんな素敵な恋人と付き合っているのはムカつくから、悪い噂をどんどん流して仲違《なかたが》いさせてやれ。別れさせてやれ。なんならその恋人を寝取ってしまえ。

そんな気持ちが生じたとき、この感情を「悪性妬み」と呼びます。相手を引きずり下ろして自分と同じか、自分以下の状態にしたい、というネガティブ感情です。当然、引きずり下ろす行為にはリベンジのリスクが伴いますから、あまり利得の多い方法ではありません。ですが、条件付きでこれが有効な方法になる場合があります。それは、攻撃者の匿名性が保たれる場合です。

さらに別の妬みの形もあります。妬みを感じた相手が、自分が思っていたよりはるかに優れた人物だったということに気づいた。自分があの人に妬みを感じるなんておこがましかった。あいつもなかなかやるじゃないか。俺よりずっと努力している。あの人は私よりずっとつらい環境の中で頑張り続けてきたんだ——。

そんな風に感じるとき、この感情を「憧れ」と呼びます。妬み感情から派生するものですが、尊敬と相俟《あいま》って、もはや相手に対するネガティブ感情ではないものに変化しています。これは、お互いにwin-winの関係を築くことができる素地になり得る、望ましい感情といえるかもしれません。

妬まれてしまった、と感じたときには、こうした妬みのサブカテゴリを念頭に置いて、自分の振る舞いをうまく演出していくと、攻撃を回避できる可能性が高くなるでしょう。

シャーデンフロイデの意味

さて、おさらいになりますが、この人が、素敵な恋人と何らかの理由で別れてしまった、としましょう。このときに生じるややうしろめたい喜びが、シャーデンフロイデです。やっぱり、ちょっと嫌な感情のように思われるのではないでしょうか。そもそも、妬ましい、という気持ち自体が、一般的にはあまり良いとはされていない心の動きです。

できれば、持ちたくない。自分自身も不快だし、そんな気持ちを持っていることを知られたら、嫌な人間だと思われてしまうのではないか。相手に対しても無意識に敵対的に振る舞ってしまう。そんな自分を目の当たりにして、また自己嫌悪に陥ってしまう……。

こんな醜い感情は、そもそも湧いてこないほうがいい。

なのに、なぜ私たちはこのような、持っているだけで苦々しいような感情を、ことあるごとに味わわされ、感じ続けなければならないのでしょうか。

人類の長い歴史の中で、どうしてこんな嫌な感情が消えてしまわなかったのでしょうか。この感情を持っていることに、どんな意味があるのでしょうか。

本当に必要のない感情だったら、それこそもう残っていないはずです。盲腸にさえ、存在する意味があるということが近年、明らかになってきたといいます。まして脳は、人体の中で最も燃費の悪い臓器であり、そこまで余裕のある器官ではありません。不要な機能は、どんどん切り捨てられていきます。妬みやシャーデンフロイデといったネガティブ感情は、一見ないほうが良いように思えても、何らかの重要な機能を担っているはずなのです。

考えてみれば、シャーデンフロイデも、妬みも、どちらもヒトに固有といっていい感情です。この感情を繙《ひもと》くことで、人間性、などといううさんくさい言葉にかき消されてしまわない、真の人間の本質が見えてくる、と私は考えています。

そして、オキシトシンは、愛情ホルモンとして人と人との絆を強める一方で、ここでご説明した一方のネガティブ感情である「妬み」を強めてしまう働きも持つのです。

子どもはまだ〝人間〟になっていない

戦場で出会う最も怖ろしい敵は、少年兵だ、と聞いたことがあります。

特に戦場ではない平和な生活の中にあっても、「ハゲ」「ブス」「デブ」など、人を傷つけるかもしれない言葉を、子どもは平気で口にします。さらには、障害を持った人を躊躇なく貶《おとし》めるような発言をしたり、よその家で食べ物を出されたときに、空気を読まず、面と向かって「まずい」と言ったりします。

生まれたばかりの赤ちゃんには、愛する能力も共感性もありません。これらは子ども時代を通じて徐々に出来上がっていくのですが、子どもの愛する能力や共感性は、まだ十分には成熟していません。まだまだ社会性を持つことが難しいため、一見、反社会的に見える行動を取ってしまうことがあるのです。

言ってみれば、子どもは誰でもサイコパスに似たようなところがあるのです。

これは、相手に対する共感性や、自分の行動に対する抑制をつかさどる脳の領域である前頭前野が、まだ成長途上にあるからです。それゆえに、相手の痛みを想像できず、躊躇なく攻撃を加えることができてしまうのです。

それが、大人になるにつれ前頭前野が発達し、とくに内側前頭前野がしっかり育つことで社会性が構築されていきます。つまり、より向社会的（英語ではprosocialといいます）になっていくのですが、このことが一般的には「人間性が育まれる」「人間としての成長を遂げる」という風に言われるわけです。

一方で、向社会性が高まると、合理的な判断は次第にしにくくなっていきます。

これらはどうやらトレードオフの関係にあるようで、いわゆる「人間性」を重視すると、それをないがしろにしたり、切り捨てたりするような、反社会的に見える選択をとりづらくなっていくのでしょう。

そして、この向社会性をより高めるのが、〝愛と絆のホルモン〟オキシトシンです。

こういう見方をすると、人間社会を裏から支えているのが、オキシトシンであるといっても過言ではないことがおわかりいただけるのではないでしょうか。

社会は人間にとって非常に重要なものです。時には、個体の存続よりも重要視されることがあります。

社会を形成して生きていくという戦略が、私たち人類の大きな繁栄の礎《いしずえ》にあったことを考えれば、ある意味、当然のことともいえるでしょう。反社会的であるよりは向社会的であることのほうを「良い」「好ましい」「快である」と認知する性質を備えた個体が長い年月をかけて淘汰され、生き延びてきたのが人類の歴史であったと想像されます。

向社会性の弊害

ただ、あまりに向社会的な個体が多いことによる弊害も、私たちは同時に抱えています。大きな問題の一つが、他の個体から利益を搾取する戦略をとる個体——フリーライダー——の出現です。

たとえば、こんな状況があるとします。

男の子ばかりの、とある大学のサークルに、女の子が一人、入ってきた。

男の子たちは大歓迎です。女の子に対して、できるだけやさしく、厚遇しようとします。

彼女は次第に、その状況に甘えるようになっていく。サークルのメンバーであるならばしなくてはならないはずのことを、男の子たちの好意をいいことに、次第に回避するようになる。

それはおかしい、と声を上げようとする男の子も、彼女が「女」を使って封じてしまう。

サークルの中は、彼女と肉体関係のある男の子ばかりになる。

彼女は、あたかも女王のように、そのサークルの中で振る舞い続ける。

こうした状況を冷静に外から見たときには、「それはおかしい」とほとんどの人が言うでしょう。客観的、合理的判断を下すことができます。しかし、いったん「自分が所属する社会」のこととなると、話が違ってきます。

これは、集団をつくることで生き延びてきたヒトに特有の脳のクセといえます。

ちょっと第三者的に観察することができれば、それはおかしい、とわかることでも、無意識に「自分の所属する集団のやっていることのほうが正しい」と思い込んでしまう。そして、自分が思い込むだけでなく、人にもそれを要求してしまうのです。

ただし、これにあまり左右されない個体がいます。それがサイコパスです。

向社会性を持たないので、同調圧力にはあまり左右されない。そのくせ「こうすれば多くの人は心動かされる」ということは実によく観察しており、合理的に自分が生き残る道を計算します。時には、自ら社会性を持っているように偽装（完璧なウソ泣きをする、人に感動を与えるような振る舞いを演出するなど）して、他の個体から搾取するという方法を選び取る、知能犯的なサイコパスもいます。

薬としてのオキシトシン

ネガティブな側面ばかり強調してもいけませんので、オキシトシンの持つ好ましい効果について、もう少し触れておきましょう。

人と人との絆を形成するオキシトシンは、自閉症やアスペルガー症候群など対人コミュニケーションに障害を持つ人たちの治療薬として期待されています。アメリカではすでに医薬品としてFDA（アメリカ食品医薬品局）が認可し、ノバルティスファーマ社などが販売しています。

日本では、2015年9月に発表された東京大学の研究チームの臨床研究結果が注目を集めました。

その研究では、自閉症スペクトラムと診断された20名の成人男性を、10名ずつの二つのグループに分け、一方にはオキシトシンを、もう一方にはプラセボ（偽薬）を、一日2回、6週間にわたって経鼻投与し、効果を比較しました。

その結果、オキシトシンを与えられたグループでは、対人場面における自閉症スペクトラムの中核症状（社会性に欠け、相手の気持ちを忖度《そんたく》できない振る舞い）が緩和されました。また、脳の内側前頭前野の領域で機能が改善されることもわかりました。

こうした実験結果を踏まえると、目の前にいる人間に好意的な振る舞いができるようにさせるオキシトシンは究極の人たらし薬なのではないか、と考えたくなってしまいます。

二股恋愛をしている男性が、美人で活発なタイプを捨て、おとなしくて一見弱々しい女性のほうを選ぶことがあります。そのときに、「君はしっかりしているから一人でやっていけるだろう。でも○○ちゃんは僕がいなければダメなんだ」などという説明がなされがちです。これは、オキシトシンの分泌を促す刺激を受けた男性が、「○○ちゃんを守ってやらねばならない」と感じたから、という解釈もできるのです。

となると、女性が好きな男性にアプローチするときには、「私って魅力的でしょう?」とあからさまに迫るよりも「私を守ってくれるのはあなたしかいないの」と言外にアピールしたほうが、相手によっては成功の可能性が高くなるかもしれません。

もう一つの「絆ホルモン」AVP

オキシトシンと非常によく似た物質に、「アルギニン・バソプレシン(AVP)」というホルモンがあります。

両方とも九つのアミノ酸からなるペプチドです。アルギニン・バソプレシンとオキシトシンとでは、構成するアミノ酸が二つ違うだけですから、同じような働きをします。

オキシトシンが安らぎと癒しをベースにした絆であるのに対し、アルギニン・バソプレシンは逃走または闘争をベースにした絆のホルモンです。

アルギニン・バソプレシンの受容体をアルギニン・バソプレシン・レセプター（AVPR）と呼びますが、その特徴を調べることで、いろいろ興味深いことがわかってきています。どうやら、浮気性かどうかといったことも、ある程度までは、その個体の脳を見ることでわかるようなのです。

プレーリーハタネズミとアメリカハタネズミという、近縁の哺乳類を用いた実験を紹介しましょう。

近縁とはいえ、両者はとても異なった行動をとります。プレーリーハタネズミは一夫一婦制なのに対し、アメリカハタネズミは乱婚型です。

両者の、中脳におけるAVPRの発現密度を調べると、プレーリーハタネズミはたくさんあるのにアメリカハタネズミは少ないことがわかっています。

アルギニン・バソプレシンは交尾の最中にオスの脳で分泌されメスへの愛着を形成する

ことが知られています。そのため、AVPRが多くてアルギニン・パソプレシンのシグナルを受容しやすいプレーリーハタネズミは、一定のパートナーに愛情を注ぎ続けることができるのだと考えられています。

そこで、乱婚型のアメリカハタネズミの脳にたくさんのAVPRを発現させると、一夫一婦型の婚姻形態をとることがわかりました。

一方、人間でも面白い調査がなされています。AVPRのバリエーションと、それを持つ人の振る舞いの関係について調べたものです。

すると、AVPRのある型を持っていると、男女ともに長期的な人間関係を結ぶのが難しく、パートナーに対して不満度を高め、不親切な振る舞いをすることがわかりました。

この型は、AVPR遺伝子のうちの塩基の一つが置き換えられています。そのため、アルギニン・バソプレシンのシグナルが入りにくくなり、親切心などが生まれにくくなるのだと考えられています。

要するに結婚生活、共同生活にあまり向いていないタイプと言えるかもしれません。

実際に、この型を持つ男性では未婚率・離婚率が高く、このタイプのAVPR遺伝子は「離婚遺伝子」（女性の場合、離婚よりもパートナー以外の男性との関係が増えることから

「不倫遺伝子」）などと呼ばれています。

強い印象を残す表現であるため、その言い回しが適切かどうかという議論がなされているところでもありますし、また、その遺伝子を持っているからといって必ずしもその人が離婚、不倫する、あるいは婚姻できないというわけではないことには、気をつけなければなりません。

なぜ人は不倫を糾弾するのか

一夫一婦型であろうと乱婚型であろうと、哺乳類はすべて「種を残す」ことを目的とし、その道を選んでいます。

一夫一婦型では、「自分たちの共同体（家族）を守る」ことが種の保存に必須と考えられます。夫婦で協力し合い、時に邪魔をするものと戦うことで子どもを育てていきます。

一方、浮気性の人たちや乱婚型の動物は、少しでも多くの個体と交わることで、いろいろな形で自分の遺伝子を残そうとしています。

方法は違えど、どちらも種の保存を第一に考えているわけです。

このとき、一夫一婦型の人たちにとって、浮気性の人たちは脅威となります。自分たちが守っている共同体に介入してきて、ルールを壊すかもしれないからです。

このように、「二つの制度」がぶつかることは、人間特有の現象と言えるでしょう。

動物の場合、先ほど紹介したプレーリーハタネズミやアメリカハタネズミのように、一夫一婦型なら一夫一婦型、乱婚型なら乱婚型と種類ごとにルールが決まっており、そのルールの中でパートナーを求めて争うにすぎません。

ところが、人間はそうではありません。一夫一婦というルールの下でペアをつくっておきながら、乱婚型の行動をとってしまう人がままいます。それは、一夫一婦のルールを厳格に守っている側からすれば、とてつもない脅威なのです。

だから、不倫は徹底的に糾弾されてしまうのです。

タレントのベッキーさんの不倫騒動は記憶に新しいと思います。その後も、いろいろな有名人の不倫が取り上げられましたが、とくにベッキーさんは激しいバッシングを受けました。

おそらく、それまで非常に好感度が高く、いわば「いい子代表」として認知されていたベッキーさんだったからこそ、人々に与えたショックが大きかったのでしょう。

ベッキーさんは〝正しい〟「一夫一婦型グループ」の一員だと信じていたのに、そうではなかった。その「内輪から足をすくわれた」感が、多くの人たちの向社会性を刺激し、バッシングに結びついたと考えられるでしょう。

それにしても不思議なのは、「ベッキーさんがあなたの夫の浮気相手でもないのに、なぜそこまで怒るのか」ということではないでしょうか。

不倫騒動があると、まさに老いも若きも男も女もいきり立ってその対象をバッシングします。

詳しくは後述しますが、こうした攻撃が度を越したものになっていくのは、向社会性という一見「正しいもの」に暴力的な力が潜んでいるからです。

「愛」を利用する人たち

愛を抱えている時の私たちは、あたかも脳に、セキュリティホールが存在するような状態、と言えるかもしれません。ここを操作されると懐疑的に人を見ることは少なくなり、情緒的に人を信頼したり、攻撃したりするようになります。

子宮頸部が刺激されることでオキシトシンの分泌が促されるために、とくに女性はセックスによって相手に対する愛着が深まってしまう傾向を持っています。

風俗業の支配人男性が、働いている女性と性的関係を持つケースが多いのは、自分への愛着を形成させ、女性が他店へ移ったりするリスクを回避するためと考えられます。

同様に、ホストが女性客とセックスするのも、お小遣いが欲しいというより、オキシトシンの効果によって、女性に自分に対する愛着を形成させれば、客としてつなぎ止めておくことが楽にできるようになるからでしょう。女性は、単純にセックスのエクスタシーでつなぎ止められているのではなく、オキシトシンによってつなぎ止められているのです。いわば「オキシトシン商法」と言っていいかもしれません。

このセキュリティホールを突かれると、詐欺にも引っかかりやすくなります。

「オレオレ詐欺」に代表される新種の詐欺が次から次へと編み出され、実行されています。注意喚起はいやというほどされているのに、なぜか引っかかる人が後を絶ちません。これは、オキシトシンによる愛着と信頼がセキュリティホールになっている以上、騙されてしまう側のリテラシーの低さを指摘しても解決にはならないのです。

ハニートラップがいまだに有効であるのも、同じ理屈です。現場では、オキシトシンによって人を信じやすくなってしまう状態が極めて巧妙に計算され、つくられているのです。

息子のため、孫のため、家族のため、愛する人のため、といった要素はもちろん、詐欺師が被害者の感情に寄り添ったふりをして「私を助けてくれるいい人なのね」と思わせることに成功しているから、裏切り行為が容易になるのです。

詐欺事件は、愛情と信頼に基づいた、性善説的な社会基盤が形成されている国に多発するだろうと考えられます。またそうした国はきっと、スパイ天国でもあるでしょう。

メシウマ＝シャーデンフロイデ

この章では、ある人が一人だけ得をしている状態から、みんなと同じか、あるいはそれよりも低い状態に引きずり下ろされたときに喜びを感じる、シャーデンフロイデという感情について、述べてきました。

「他人の不幸で今日も飯がうまい」の略でメシウマというネットスラングがありますが、まさにこの表現がぴったりともいえるような感情でしょう。

この感情は個人の間でも生じますが、集団内で生起したときに、集団にとって都合の悪い個体を標的として「発見」し、「排除」するために使われます。

さらには「あの人一人だけ得をしているのではないか」ということだけではなく、目立つ、異質という場合にもこのアンテナは反応してしまいます。

たとえば、一人だけかわいい、一人だけ東京から来た、一人だけ○○など、ありとあらゆる要素があります。ヒトには承認欲求があるので、対象が目立っているだけで、その人に妬みを感じる可能性があると言えるでしょう。

読者の皆さんのなかにも、思い返してみれば排除したり、排除された経験をお持ちの方がいるのではないでしょうか。「ああ、あれはそうだったんだ」と、苦いような思いが湧き上がって、思わずこの本のページをめくるその手を止め、気持ちを鎮めるためにコーヒーでも飲みに行きたくなる人がいるかもしれません。

ひょっとすると身近にいる誰かとの間にはこんな経験をしたことがない、という人もいるかもしれませんが、でもたとえば、目立つ有名人に対しては、どうでしょうか。

「最近目立っているあの人」
「もうすこし、あの点をこうすればいいのに」
「なんかがさつ」
「どこがいいの」
「成金のくせに」
「上から目線で気に入らないんだよね」

――などという形で「検出」が行われ、

「あの人がちょっと痛い目に遭えばいいのに」

「掲示板に書き込んでやれ」

「コメント欄で炎上させてやれ」

「ツイッターで攻撃してやれ」

「どうもへこんでいるらしい」

「いい気味だ」

――というように、「排除」が実行されていきます。


実にいやらしい心の動きですが、まさにシャーデンフロイデとはこうした機能を持つ感情です。詳しくは第2章以降で説明しますが、この感情には、既存の集団や社会を守る働きがあるのです。

最近目立っているあの人、として人々の目に映るのは、既存の社会を壊そう、変えようとする人のことです。こうした人の台頭を許さないというのは、生物種としてのヒトに仕組まれた特性です。

この犠牲になった人の例はいくらでも挙げられるでしょう。近年では、橋下徹さんや堀江貴文さんが標的になることが多かったかもしれません。少し時代をさかのぼれば、鈴木商店という例がありました。

鈴木商店というのは、日本一の総合商社として、明治・大正時代の日本を牽引した幻の会社です。売り上げは当時のGNPの1割に相当したと言います。しかし、そのあまりの急成長ぶりは、人々の「妬み感情」を引き起こしてしまいます。ついには、大正7年の米騒動のとき本店を焼き打ちされてしまうのです。

もっと時代をさかのぼれば、もはや伝説的ともいえる例であり、別格かもしれませんが、宗教家に日蓮という人がいました。歴史の授業で習うと思いますが、この人は人々をぎょっとさせるようなことを敢えて強く述べるというスタイルでの弘教を行いました。

こうした行動には驚きがあり、ひどく目立つ方法ですから、大衆から受ける杖木瓦石《じょうもくがしゃく》(杖や石などで攻撃されること)に始まって、彼は最終的には国家権力によって命を奪われようという目に遭うことにもなったのです。

まさに、「シャーデンフロイデ」を感じたのではないでしょうか。

ほとんどすべての人間は、目立つ人が失敗することを、社会正義だと信じているのです。

第2章
加速する「不謹慎」

ります。

正義感が引き起こす、サンクション

ご年配の男性に特に多く見られる行動として、主にネットなどで、話題になることがあります。

たとえば、電車などの公共交通機関や街なかで暴行を働いてしまう、さらには、ベビーカーを堂々と押している女性を許せず手が出てしまう、舌打ちをしたり、暴言を吐いたりしてしまう、「自分の勝手で作った子どもなのだから、こっちに迷惑を掛ける時にはもっと肩身が狭そうにしろ」という強迫的なメッセージを発する、などの行為です。いわゆる〝暴走老人〟の姿ですが、週刊誌などを読んで批判的な意見を表出することで爽快な気分を味わおうというような振る舞いもこれにあたります。

自分だけは正しく、「ズルをしている」誰かを許せない。だから、そんなやつに対しては、俺／私がどんな暴力を振るっても許される。そんな心理状態によって実行に移される行動が、「サンクション」です。

ご年配の方に多いと考えられるのは、残念ながら、特に偏見というわけでもなさそうです。生理的には前頭葉が持つ抑制機能の低下が、こうした振る舞いの原因として想定されるのですが、この機能は一度低下してしまうとなかなかそれを劇的に高めるということができません。

暴走する「正義漢（こうした表記に引っ掛かりを感じる読者はひょっとしたら、サンクションを発動させやすいタイプの人かもしれません）」を止める方法としては、その方の気力・体力が衰えるのを待つ以外に、有効な方法が考えにくいのです。

もちろん、脳には可塑性があるので、時間をかければどんなことでも全く不可能ということはないでしょう。ただ、たとえば行政等の観点から言えば、はたして高齢者に費用と労力と時間をかけてその暴走を止めていくことに、どれほどのコストパフォーマンスが期待できるか、といった議論が想定されます。

男性では特にテストステロンの分泌量が多いために、前頭葉が担っているブレーキの機能が脆弱になっていると、心ゆくまで他者を攻撃し、ボロボロに傷つけて快感を覚える、ということをやめられなくなります。

無論、これは高齢者に限った話ではありません。

２０１７年６月の、あおり運転による東名高速危険運転致死傷事件でも、同様の現象が加害者側の脳で起こっていたと考えられます。逮捕された人物は、過去に何度も同じことを繰り返していたといいますから、自分が悪いことをした、という認識をまったく持ち合わせていなかったのでしょう。

それどころか、オレの気分を悪くさせた相手に、制裁――これを英語ではサンクションといい、学術的な用語としても使います――を加える「正当な権利」を、オレは持っている、と感じていたのではないかと思われます。死者を出す大事故になってしまったことでその行為を反省するというよりは、事件が広く知られてしまったことにより、「制裁を加える正当な権利を警察権力に奪われてしまった」とすら思っていたかもしれません。

DVの加害者側に見られる心的状態にも、類似の構造があります。

日本は法治国家であり、原則として私刑という形で報復的に他者を殺傷することが許される国ではありません。

その法治国家の住人であるにもかかわらず、

「私刑を加えても自分だけは許される」

「先にルールを破ったのはこいつだから、どんなに制裁を加えようがかまわない」

「善良な国民である俺の気分を悪くさせたこいつを許しがたい（謝罪しろ！）」

という、一見、不可解な認知の歪みがごく自然に、一般的に生じます。

この、他者に制裁を加える正当な権利を行使したい、という欲動が湧き起こるメカニズムについて、これから説明していきます。

ヒトの脳は誰かを裁きたくなるようにできている

他者に（正当な）制裁を加えたいと感じて、誰かを裁く行動を取りやすい人の脳にはどんな特徴があるのでしょうか。

そもそも、制裁――サンクションを加えたくなる衝動、というのを、まったく感じたことのない人は少ないでしょう。感じたことがあっても忘れてしまっているか、感じたことを他の人には知られたくない、という人は、けっこういるかもしれませんが……。

しかし、制裁を加えることによる直接的なメリットは、本人にとってはゼロです。一方で、規範を逸脱した人に対して制裁を加えることは「正しい」あるいは「世のため人のため」と（少なくとも本人には）認知されています。敢えて相手に対して言いにくいことを言ったり、世のため人のために誰もがやりにくいことをやっている自分は、正しくて善良な素晴らしい人間である、とさえ感じています。それでは、誰かに対して制裁を加えたいという気持ちが高まることで得をする人は、一体どんな人なのでしょうか。

もちろん、制裁を加える本人ではありません。制裁を加える本人は、制裁することによる仕返しのリスクを負わなければなりませんので、客観的に見れば、制裁というのは、損な行動なのです。また、制裁に掛かる労力と時間というコストの問題もあります。

すると、個人という単位で見たときに利得が高くなるのは「何も見なかったことにする」という行動を取った人です。何かアクションを起こすこと自体が、時間と労力の損失になるからです。

つまり仕返しのリスクがあるにもかかわらず、それを行うのは何らかのインセンティブがあるからだ、と考えざるを得ません。

一応、私たちヒトも生物のはしくれですので、何らかの得がなければその行動を選択しません。

しかし、想定できる利得というのは、実は制裁を加える本人の脳内に分泌されるドーパミンだけなのです。

ようするに「目立つあいつ」「ムカつく誰か」「一人だけズルをしているかもしれないあの人」が傷ついたことによって得られる、ドーパミンの分泌による快感です。

なぜ、「不謹慎」を叩くことによってドーパミンが分泌されるのか？

これはちょっと不思議なことのように感じられるでしょう。

個人という単位では、まったく利得がないばかりか、損失が大きくなるかもしれない行動を、わざわざどうして、ドーパミンを分泌させてまでやらせるのか。生物としてはどんな目的を達成するために、そんなことを実行させる必要があったのか。自殺とはいかないまでも損益のバランスでいえばそれと類似の点があるような行動なのに、です。

自ら（ドーパミンを分泌させてまで）損失を被りたがる個体が出現することで、利益を得る人たちは誰なのか。

それは、その人を除いたすべての集団構成員です。

おわかりでしょうか。

集団において「不謹慎なヒト」を攻撃するのは、その必要が高いためです。「不謹慎な誰か」を排除しなければ、集団全体が「不謹慎」つまり「ルールを逸脱した状態」に変容し、ひいては集団そのものが崩壊してしまう恐れが出てくる。

その前に、崩壊の引き金になりかねない「不謹慎なヒト」をつぶしておく必要があるのです。これは、拙著『ヒトは「いじめ」をやめられない』でも触れましたが、すべての集団で起こり得る現象です。

結論を言えば、誰かを叩く行為というのは、本質的にはその集団を守ろうとする行動なのです。向社会性が高まった末の帰結と言えるかもしれません。

利他的懲罰としての〝不謹慎狩り〟とシャーデンフロイデ

利他的懲罰とは、集団の中に非協力的な行動をとる誰かがいた場合に、その人に対して自己犠牲を払って他の誰かが罰を与える行動のことです。

やっかいなことに、この行動は社会の規範やルールを維持するために必須であり、裏切り行動を抑制するのに最も効果的な方法としてヒトが採用し、洗練させてきた仕組みです。つまり、平和で安定した社会は、利他的懲罰によって支えられているのです。

危機的な状態が迫ってくれば、人々は互いに互いを守ろうとして、より親密な交流が活発になり、強い絆を構築するためのオキシトシンの分泌は盛んになり、向社会性は高まっていきます。危機的な状態、というのが環境圧力となってヒトの振る舞いを左右しますが、たとえばどんなものが想定できるか。日本では、大きな地震などの自然災害がそれにあたるでしょう。

ひとたび大災害が起きた時、何が起きるでしょうか。私たちは「絆」などの合言葉を駆使して、仲間を再確認し、集団で事態の収拾にあたろうとします。

そしてその結果、以下のような感覚を多くの人が持つようになります。

集団内の規範を維持し、安定的な社会を「復興」するために、逸脱者をいち早く発見し、利他的懲罰を加えなければならない――。

それが、「不謹慎」狩りにつながっていくというわけです。

あちこちで「自粛」の嵐も起こるでしょう。ひどい場合には、外国人差別やヘイトスピーチが活発になることもあるでしょう。オキシトシンの分泌量が多くなると、外集団バイアス（自分たちの集団と異なる性質を持つ人に対する不当に低い評価）が強まることが実験的にわかっています。

こうした一連の現象の基礎にあって、「不謹慎なヒト」を検出して攻撃するのが、シャーデンフロイデという感情と考えることができます。

しかし、被害に苦しんでいる人たちが、本当にそれを望んでいるかといえば、恐らくそうではないだろうと思います。

「私たちが大変な思いをしているときに、花見やイベントに繰り出す人がいるなんて許せない」と当事者が憤る姿を見せるのは、利己主義的と捉えられてしまう恐れがあるため、被災者本人はこうしたステートメントを発しにくいだろうと考えられます。

絆を強くしよう、みんなのために何かしよう——そのこと自体は日本人の素晴らしい特性で、一人ひとりが「みんなのために」と行動することで復興も進むのでしょう。

とはいえ、私はあまり絆、絆と口にする人を見ると「この人は集団のために自分を捨てさせることを強要する人かもしれない」と、警戒心が先に立ってしまいます。

サンクションが起こりやすいとき

「熊本の大地震で被災地の皆さんがこんなに苦しんでいるのに、一緒になって泣かない、あまつさえ笑顔の写真を誰もが見ることのできる公共の場にアップロードするとは、あの人はけしからん」と、被災地の人とはほとんど関係を持たない人が怒る、という現象が2016年に生じました。ご記憶の方もいると思います。

この事象に関しては、被災地の人々が、笑顔をアップロードした人に対して「一緒になって泣いてほしい」と思っていたのかどうか。そのことについての言及や確認はあったのかどうか定かではなく、ほとんど関係を持たない誰かが「想像して」、その行為を不謹慎であると判断したようです。

このように、第三者が人に根拠なく説教をしてしまうのは、「自分は正しいことをしている」と思うこと自体が快感であるのに加え、誰かを「ダメな人だ」と糾弾することによって、相対的にその人の置かれているポジションを高く見せることができるからです。

また、先に糾弾する側に回ることで、他者から叩かれる可能性が低くなる、という自衛策的な意味合いもあります。

２００４年にチューリッヒ大学のチームが行った研究によれば、利己的な振る舞いをする人に対しては多くの人が自らコストをかけて罰を与えたがり、罰を与える時には線条体が活動して強い喜びや満足を感じていることが明らかになりました。これは、シャーデンフロイデとほぼ同じ領域です。

この研究では、脳の活動を測定しながら、被験者たちに共同出資でお金をやり取りし儲けるゲームをやってもらいます。ゲーム中、あるプレイヤーが他の参加者と相互に利益を生まない、自分勝手な判断をしたら、罰することができるようにしておきます。

すると、前述のとおり、多くの被験者がコストを犠牲にして利己的なプレイヤーに罰を与えました。さらに、自らコストをかけて与える罰の重さと、各人の脳の活動の強さが相関していることもわかりました。活動が強い人ほど、大きなコストをかけてでも罰を与えようとする傾向が高かったのです。

懲罰にはコストがかかる上に、しかも金銭など直接的な利益は何もない。にもかかわらず、社会を維持しなければならないというヒトの生存戦略上の必要性から、利他的懲罰という行動がなくなることは極めて考えにくいのです。むしろ逆に、利他的懲罰を行わない集団は、裏切り戦略を取る個体をコントロールできず、搾取されてあっという間に地上から消え去ってしまうことでしょう。

これまでに、どれほどの国や共同体、文明がこうした理由で消え去ってきたかを考えると、しばらくの間、このことを沈思してみたいような気持になります。

多くの文芸やエンターテインメントから週刊誌の記事、ネットの書き込みに至るまで、利他的懲罰の要素を持つ情報が圧倒的な支持を集めるのも、ヒトがそこに強い喜びを感じるようにできているからに他なりません。

さて、もうすこし簡素な言い方をすると、「それは不謹慎だ」という糾弾が起きるのは、人々のなかに「本来はこうあるべきだ」という規範があるからとも言えます。

規範は社会にとって必要なものではありますが、使われ方次第で、本来、目指していたのとはまったく逆の方向に行ってしまうことがあります。

実は、「いじめは良くないことだ」という規範意識が高いところほど、いじめが起きやすいという調査もあります。規範意識から外れた人はいじめてもいい、という構造ができてしまいやすくなるからだと考えられています。

あなたが先にルールを破った

男女間にも同様のことが言えます。実は、決めごとの多い夫婦ほど離婚しやすい傾向にあるのだそうです。それは、夫婦、家族というオキシトシンの分泌量が多くなりやすい環境である上に、二人で決めた「こうあるべき」からひとたび相手が逸脱すると、そうした相手を許してはならないという利他的懲罰の感情から逃れられなくなるからでしょう。

もちろんこれは個々人の判断の領域ですから、他人がいちいち口を出すことではありません。しかし、結婚する前にお互いにいろいろ条件を出し合って契約を交わすことが一般的になってきている状況は、もしかしたら離婚しやすい素地を調《ととの》えているのかもしれない、という推論も成立してしまいます。

契約書を作成するときには、離婚に至ったときの財産分与に関することはもちろん、夫婦生活を送るなかで知り得たお互いの個人情報を外部に漏らさないなど、テクニカルな取り決めを法律の専門家を交えて行うといいます。

当然、こうした、きちんとした契約は夫婦関係を強固にするものという捉え方もできるでしょう。こうした決めごとを冷静に話し合えるほど私たちはフランクな打ち解けた仲であり、進歩的な夫婦であるという自負も生まれるでしょう。

ただ、決めごとが緻密であればあるほど、よほど気を付けていなければ「話し合い」の余地はなくなっていってしまいます。

決めごとを守らなかった、という咎《とが》により相手を責め立てる口実ができてしまう。

平和な生活を守るための決めごとであったのに、それが互いへの攻撃心を掻き立てる源泉として機能してしまう。そういうことが起きてしまわないように、留意する必要があるだろうと思います。

契約などとは無縁の普通の夫婦でも、なんらかの約束はするでしょう。しかし、約束は「守られている」うちは愛の証明として捉えられるのに、「守られなかった」瞬間に相手に対する憎悪を生み、「守らないあなたが悪い」という攻撃材料に変化するのです。

私の知人夫婦は共働きのため、「家事は全部、半分ずつ」と決めたそうです。

家事を分けるときのよくあるパターンは、「夫は風呂掃除とゴミ出し、そのほかの家事は妻」とか「台所関係は妻で、そのほかは夫」などという大雑把なものです。

ところが、「それでは不公平が出る」と、この夫婦は料理も洗濯も掃除も全部、半分ずつやると決めました。

しかし、実際にやってみれば、完璧に平等に分けられるはずがありません。日によって洗濯物の分量も違うし、どちらかに会食の予定が入ることもあります。掃除だって「きれいになった」と感じる合格ラインは人によって違います。

こうしたことを、「決めたとおりに正しく」と突き詰めていくと、いつもどこかに不全感があり、「その原因をつくったのは相手だ」と考える結果になります。

個人同士の間ですらそうなのですから、グループ間、ましてや国家間であればなおさらです。

1987年に起きた、大韓航空機爆破事件を覚えている人も多いと思います。偽造パスポートを使って、日本人になりすました北朝鮮工作員が、韓国の航空機に乗り込み、これを爆破したという事件です。機体は空中分解し、乗客・乗員115名全員が死亡したと伝えられました。

当時、蜂谷真由美という偽名で、この事件の実行犯として爆弾を仕掛けた金賢姫氏は

「ワイド！スクランブル」のキャスターである橋本大二郎氏のインタビューに応じ、この爆破事件を起こした目的について、次のように語っています。

北朝鮮政府は、韓国がソウル・オリンピックを控えた1987年、その繁栄ぶりを疎ましく思い、発展をどうにかして阻害しようと、この事件を企図したのです。できることなら韓国を引きずり下ろして、その評判を落とすことを狙っての計画でした。自分はその任務に選ばれたことを光栄だとさえ思っていました。

現在、ソウルに居をかまえ、二度とこのような事件を起こしてはならないという思いで暮らしている金賢姫氏は、平昌《ピョンチャン》冬季オリンピックを前にして、いま再び1987年と同様の動きが生じるのではないかという懸念を持っているようです。

国家という大きな単位ではありますが、元は同じ民族であった隣国の人々が、自分たちよりいい思いをしている、発展している、国際的な評価を得ている、ということが「妬み感情」を引き起こしていると読み解くことができるでしょう。そして、その対象を引きずり下ろすことができたとき、一時的にではあったにせよ、事件を計画した人々の心の裡《うち》には、シャーデンフロイデが湧き起こったに違いないのです。

大韓航空機事件のような凄惨な例ばかりではありません。

たとえば、私がサッカーのワールドカップの試合を、フランスのスポーツバーで観戦していたときの話です。フランス対ドイツ戦だったと思いますが、ドイツがダメージを受けるたびに、フランス人のグループから、大きな歓声が上がるのです。フェアなスポーツマンシップに則《のっと》るなら、自国のチームが点を取ったり、有利な状況になったときだけ喜べばいいようなものですが、実際はそうではないのです。

むしろ、相手に大きなマイナスがあったときのほうが、皆喜んでいるように見えるのです。

一見楽しいスポーツ観戦の場でしたが、シャーデンフロイデを感じて、それを恥ずかしいとも思わない群衆の恐ろしさを垣間見たような気がして、背筋に冷たいものが走りました。

誰かと一緒に過ごすということ――集団の性質

集団には組織集団と未組織集団があります。社会心理学では「集団」とは組織集団を意味し、未組織集団は車内に乗り合わせた乗客などのように、「単なる人の集合体」または群集を意味します。

集団には、共通の目標を持ち、持続的な相互干渉があり、成員間に一定の地位と役割の分化があり、共通の規範が成員の行動を統制し、これらの結果、成員間に一体感が生じている、といった性質が備わっています。

生理的には、集団に属して抱く「うち」とか、「我々」などという感情の度合いは、オキシトシンの分泌量が多くなっていくほど強くなると考えられます。

また、それぞれの能力と特性に応じて、各成員に一定の役割とそれに対応するポジションが与えられます。役割というのは、その与えられた地位の中で、それをなすことが他者から期待され、何らかの程度で固定化されている行動様式です。

そして集団には二つの主要な機能があります。集団維持機能と、集団目標達成機能です。後者は、集団の持っている目標や課題を遂行し、実現していくための機能で、一体感や協力の度合いがより強くなるという傾向が生まれます。特に後者の機能の強くなった集団では、一人ひとりになにかしらのリソースを提供したり、犠牲を払ったりすることが求められます。

もし、リソースも犠牲も差し出さない人が出たら、「だったら私もそうする」と同じようなケースが続出して集団が崩壊の危機にさらされてしまいます。

そうなる前に、ルールを破った人を厳しく処罰するのが集団社会の要件です。

リベンジの危険を乗り越えるほどの快感

やや繰り返しになりますが、制裁を加えればその相手からリベンジされる危険が生じます。相手は「もはや失うものはない」とばかりに、破れかぶれでとんでもない行動をとるかもしれません。

そこで、その危険を乗り越えて制裁を加えられるように、「正しい側（大勢の側）に回ってルール違反者を処罰すること」で、オキシトシンやドーパミンが脳に分泌され、快感が得られるようになったのです。

リベンジの危険を乗り越えられるほどですから、その快感は非常に大きいものです。あまりにも大きいから、その快感得たさに獲物を探し出すということまでしてしまいます。

本当はルールを破っていなくても、「あなた破りましたね」と指摘し、生け贄《にえ》にしてしまうのです。生け贄が差し出されれば、そこにみんなが群がります。もはや「本当にルールを破ったかどうか」はどうでもよく、大勢の側に立って処罰する快感にどっぷりと浸かってしまうのです。

たとえ、「本当はルールは破られていない」と気づいていても、そんなことは指摘できません。指摘した瞬間にその人は、集団から抜けて生け贄側につくことになります。だから、思考停止して処罰の快感に溺れていく道をとります。

子どものいじめでも、ママ友の仲間外れでも、「本当は○○ちゃんは悪くない」とわかっていながら集団の側に回ってしまうのは、ある意味、人間の宿命というべき性質なのかもしれません。

ソロモン・アッシュの「同調圧力」実験

人間が、いかに周囲の動向に流されやすいかについて、ポーランド出身の心理学者、ソロモン・アッシュが行った実験は有名です。

わかりやすいように、ここでは単純化して説明しましょう。

アッシュは被験者に対し、簡単な視覚的問題を出します。見れば「答えはAに決まっているじゃない」と思えるような問題です。

ただし、被験者のほかに実験の内容を知っている数名の「サクラ」が回答者として仕込まれています。そして、そのサクラたちが揃ってわざと違う答えをします。つまり、本当は「A」なのに「B」と答えます。

その上で、その様子を見ていた被験者が正しい答えを出せるかどうかを調査します。

結果は、周囲にサクラのいない状況で答えてもらったときには、95パーセントの人が正しい答えを選んだのに、サクラたちの回答を目にした後では、正解率は65パーセントに落ちてしまいました。

つまり、3割近い人たちが「本当の自分の考えを曲げて」周囲の意見に合わせてしまったということです。

このような、周囲からの力を「同調圧力」と言います。無言のうちに「あなたも私たちと同じものを選ぶよね」という圧力を、私たちはかけ合っているのです。

もう一つ、個人の意思が第三者によって左右される現象についての、興味深い実験結果を紹介しましょう。

被験者に、「ウソのルール」を教えてから、あるタスクを行ってもらうというものです。

被験者は、「自分たちは実験に参加している」ということは認識していますが、「ルールにウソがある」とは知らされません。

しかし、タスクを行っている途中で「教えられたルールは違うのではないか」ということにみんな気づき始めます。そのときに、「実験なんだし、このまま言われたとおりに従おう」とする人たちと、「教えられたのとは違う自分のルールでやろう」とする人たちとに分かれます。

それぞれのグループの遺伝子を調べていくと、「カテコール-O-メチルトランスフェラーゼ」というドーパミンの分解酵素の活性に違いが見られます。活性の高いタイプを持っている人と、活性の低いタイプを持っている人がいるのです。

分解酵素の活性が高いタイプを持っている人は前頭前野にドーパミンが残りにくく、逆に活性の低い人ではドーパミンが残りやすくなります。

そのため、分解酵素の活性が高く、ドーパミンをたくさん分解してしまうタイプの人では、前頭前野の機能である意思決定が「楽しい」とは感じにくくなってしまいます。どちらかといえば、前例に従ったり、あらかじめ決められたルールに従ったりすることのほうが良いと感じる、というわけです。逆に、分解酵素の活性の低いタイプを持っている人たちは、自分で意思決定することが楽しいと感じられ、従前のやりかたを踏襲することにあまり魅力を感じません。

こうした二つのグループの割合を調べると、自分で意思決定することを楽しいと感じる人は東アジアでは3割もいません。日本人の場合、わずか27パーセント。残りの73パーセントは、自分で意思決定するのが苦痛な人たちと言えます。

一方、ヨーロッパでは6割近くが自分で意思決定したいタイプです。どうしてこのような違いが生じるのか、はっきりしたことはまだわかっておらず、議論されているところです。

社会的排除の原理

ヒトは、集団を構成することで生存確率を高め、生き延びてきた種であると考えられています。すると、最も生存確率を下げるネガティブ要因が、集団の崩壊になります。

集団が崩壊する要因となるのは、外部の敵と内部の敵の双方が考えられますが、外部の敵は集団を結束させる役割を果たし、集団の維持にとってはプラスに働く場合があります。

一方、最も危惧すべき要因になり得るのが、内部の敵です。内部の敵とは、その人一人だけ得をしている（ように見える）人物です。

集団というのは構成員が少しずつ犠牲を供出することによって成立しています。たとえば、時間、労力、金銭的な負担、心理的負荷などのリソースがそれにあたります。これらを集め運用して、そのメリットをみんなで享受するのが集団の構成要件です。

そこに一人だけ、リソースを供出しない人が存在したと考えてください。供出しないにもかかわらず、メリットを享受している。つまり、その人一人だけが得をしているという状態です。リソースを供出せずともメリットを受けられるなら自分たちも供出をやめようと他の構成員が考え始め、リソースを供出し続ける真面目な構成員の負担が大きくなります。すると、あっけなく集団は崩壊します。

このような事態を避けるため、リソースを供出しない一人を排除するか、その行動を改めさせる必要が生じます。

これが社会的排除の原理です。集団を維持するための機能の一つです。この原理が、いじめという現象のベースにはあるのではないでしょうか。

これは子どもたちの世界だけで起きる現象ではありません。学校教育の現場では「いじめ」と定義されますが、会社であったり、村落共同体であったりと、大人のコミュニティのなかでも起きるものです。ネット空間におけるバッシングも、その中に含まれると考えていいかもしれません。

社会的排除の標的となる人に共通するのは、「一人だけいい思いをしていそうだ」「得をしていそうだ」「一人だけみんなと違う」「一人だけ異質だ」という条件を持つという点です。よく考えてみてほしいのですが、基準が任意に設定できるなら、誰であってもこの条件に合致します。ようするに、誰もがいじめの標的になり得るということです。

標的を「発見」するのは妬み感情

攻撃が起こるもともとの素因は、対象の逸脱状態を解消しようとする力です。しかし、そのためには「逸脱者」に対してそれを指摘し、時には攻撃を加えることが求められます。ただし、攻撃にはリベンジのリスクがつきものです。そのリスクを上回るメリットがなければ、指摘も攻撃も行われません。

しかし、生存を企図する場合、ヒトにとって集団を維持することは至上命題です。攻撃に伴うメリットをなんとしても捻出する必要がありました。それが、社会的排除を執行する際に脳で生み出される「快楽」です。

その快楽は、「逸脱者」を排除しようとするとき、どんな人の脳の中でも感じられます。快楽を伴っているだけに、「異質なものを見つけてそれを攻撃する遊び」が形成されることがあります。いじめが、快楽を求めるためのゲームに発展することがあるのはこうした理由からです。

いじめがゲーム化してしまうなど、許しがたい話だと思われるでしょうが、現実には頻繁に起こっていることです。

学校の先生方にとっては心の痛むことと思いますが、いじめはいけないことだと、どれほど口頭で伝えようとも、快楽を奪われまいとする子どもたちは、先生に見つからないようにいじめるにはどうしたらよいかと、知恵を絞ることでしょう。

社会性の高さに起因する攻撃行動であるだけに、集団生活を行えばこういうことが起こるのは必定と言っていいかもしれません。なかなか悩ましい問題です。

みんなが近いところにいて、仲間意識を強く持っていることが、最も危険な要因です。毎日顔を合わせ、同じ授業を受ける相手に対してこそ、ネガティブ感情が生じやすく、逸脱者の排除を企図した攻撃も起こりやすくなるのです。

皆が「団結」や「一丸」と言い始めたら、これは危険なサインです。

脳科学的な観点からもう少しお話ししましょう。

第1章でも触れましたが、妬みの脳科学的な基盤になるのは、脳内で分泌されるホルモン「オキシトシン」です。

普通は、オキシトシンの作用は、仲間意識を高める、愛情を表す、幸せを感じるなど、よい場面で働くものだと考えられています。しかし一方では、妬み感情を高めることもわかってきました。仲間意識や愛情が強く、オキシトシンの分泌量が増えると、いじめにつながりやすくなってしまうと考えられます。

学校教育の淵源《えんげん》は国民皆兵制にまでさかのぼります。富国強兵を是とした明治政府のもとでなら尚更、国民は均一に教育され、団結して一丸であることが望ましかったでしょう。個性はむしろ戦闘の現場ではリスク要因となります。

これに関しては、戦後もこの基本的な理念が継承されていったようです。高度成長という経済的なフィールドではこれは大いに奏功し、一時、日本は世界第2位の経済大国に成長しました。もはや戦闘に勝つことを目的として持つことを許す社会ではなかったはずですが、均一で良質な人材を大量生産する学校のスタイルそのものは変わらず、そこで鍛え上げられた人が企業「戦士」として能力を発揮できる時代が長く続きました。

しかしながら、社会構造が変わってきた現在、すでに均一で良質な人材を輩出するという思想に基づいた学校システムのトレーニングが、必ずしも効果的であるとは言えなくなってきたのではないでしょうか。規格どおりの人材を輩出するよりも、癖のある人材を上手に生かすほうが、国際社会において日本が存在感を示していく上では重要ではないかと考えます。

もちろん、たとえば木材でも規格品は使いやすいし、それを使って大量に一定レベルの建物を迅速に組み上げることができます。そういうことを求められる時代は規格品が大量に必要でした。けれども、いまは曲がりや癖の強い、けれども他には得難い一点モノの木材を使いたいというニーズが主流のように感じられます。

こうした人は、どこに行っても目立ってしまい、排除の標的になりやすいだろうと思います。でも、それくらいの子のほうが、高いポテンシャルを持っているのかもしれないのです。こうした子をいかに均質化せずに育て上げていけるか。それに対応できる学校の仕組み作りが急がれるでしょう。

日本は現在のところ、あまり天然資源に恵まれている国というわけではありません。言い換えれば、人材を資源とする以外にない。大げさでなく、これからの日本がどうなるのかは、教育分野の在り方如何にかかっているのではないでしょうか。

脳はいつでも楽をしたい

私たちの脳はいつでも、考えることをやめたいと思っています。そのほうが楽だからです。

私たち人間は、さまざまなシーンで意思決定していかねばなりません。なかには、長期的なことや重大な結果につながることもあり、少しでも合理的な判断ができるように脳を使って考えなくてはなりません。

しかし、本来、脳はそれを好みません。できれば楽をしたいのです。

だから、私たち人間は、「思考停止できる材料」が大好きなのです。認知負荷に疲れた脳は、思考停止のチャンスをいつも探していると言っても過言ではありません。

コロンビア大学のシーナ・アイエンガーは、高校生のときに網膜の病気で失明するという不幸に見舞われながら、数々の優れた研究を行っています。

その一つにジャムの実験があります。

アイエンガーは、スーパーの試食コーナーに、24種類のジャムを並べた場合と、6種類のジャムを並べた場合とで、人々の行動の違いを観察しました。

24種類も並んでいると、珍しさも手伝って人は多く集まりました。しかし、集まった人たちのなかで実際に購入したのは3パーセントにすぎませんでした。

一方で、6種類のジャムを目にした人たちの購買率は30パーセントにも上りました。

このことからも、人はいかに「自分で選ぶことが好きでないか」がわかります。

私たちは「できるだけたくさんの選択肢を与えられているほうが幸せだ」と思いがちですが、実は意思決定をあまり迫られない「少ない選択肢」のほうを、脳は快適に感じるのです。

心理学者のバリー・シュワルツは、「選択肢の多さが幸福度を下げる」と主張しているほどです。

私たちが思考停止したいときに望むのは、「考えたくないけれど、間違いたくもない」という虫のいいことです。これは、2017年に行われた衆議院議員選挙で聞かれた、投票に行かない若者たちの声でもありました。

間違った選択をしたくないから、投票しない。

そこで、結果的にどういう方向に流れるかといったら、「みんなの行っているほう」。

「みんながあっちに歩いているから、それについていけば大丈夫だろう」となるのです。

「多数派についていったほうが、自分で選ぶよりも間違いが少ない」という判断をしがちな友人に、その理由を聞いたことがあります。

すると、「だって、一人が考えたことより100人が考えたことのほうが当たっている可能性が高いじゃない」という答えが返ってきました。

しかし、その100人がきちんと考えているという保証はどこにもありません。もしかして、100人全員が友人と同じ発想でいたなら、「実は、そこには考えている人は一人もいなかった」ということになります。

本当なのかどうか確認しようのない、占い師に言われたことをそのまま実行してしまったり、高額なセミナーなどにはまってしまったりするのも、「自分が進むべき方向を自分で決めたくない」という思いが根本にあります。

神の名のもとにある教義に判断を任せれば、自分は考えなくて済みますし、自分の行動の責任を負わねばならないという不安や恐怖を肩代わりしてもらえます。

このように、人間の脳は、つねに「誰かに決めてほしい」と願っており、「自分の知らないところですべて出来上がってくれていたらいいのに」とすら望んでいるのです。

数年前からの脳科学ブームは、一向に衰える気配を見せません。私のところには「僕の脳のタイプについて教えてほしい」「私という人間を脳科学の見地から見抜いてほしい」

といったリクエストが届きます。

これは、自分の本質についてすらも「誰かに規定してほしい」という欲求の表れなのだと思います。かといって彼らは、脳科学自体に興味があるわけではないので自分で文献をあたるようなことはしません。とにかく、「早く規定してください」と願っているのです。

占い師のもとに足繁く通う人たちも同様なのかもしれません。

人気のある占い師は、「今日はなにを知りたいのですか」などと受動的な態度はとらず、ずばっと決めつけます。

「あなたは最近、とても迷っていることがあるわね」

「周囲の評価と本当のあなたは違いますね」

「本当は個性的な人なのよね」

実は、誰に対して指摘しても「そのとおり」と当てはまることを言っているだけなのですが、それが心に刺さるような感じがするのは、やはり「私の気持ちを誰かに理解してほしい、そして代わりに決めてほしい」という根源的な欲求があるからなのではないでしょうか。

個よりも社会を優先させられる社会

夫と一緒に狭い道を歩いているとき、私はつい気になって、「隣じゃなくて前か後ろを歩いてよ」と要求してしまうことがあります。

もちろん、夫と並ぶのが嫌なわけではありません。できれば隣でおしゃべりしながら歩きたいのです。でも、その思いより「道を塞いでしまってはいけない」「迷惑をかけてはいけない」という気持ちが先に立ってしまうのです。これは、向社会性が夫婦仲良くしたい気持ちに勝ってしまっている状態です。

道で私たちを追い抜かそうとしている人や、すれ違おうとしてくる人がたくさんいるのでもなければ、特に必要のある行動とはいえません。架空の存在を仮定して、その人たちへ迷惑をかけるのではないかという配慮が、実在する隣の夫への配慮よりも強いというのはやはり、私も日本人らしく、個よりも社会を優先するマインドセットを有しているということなのでしょう。

私たちは、子どもの頃から「人様に迷惑をかけるな」と教育されます。人に迷惑をかけないように努めることは、正しい態度なのだと思い込まされてきました。しかし、それがグローバル・スタンダードというわけではありません。

かつて私は、フランス国立研究所の研究員として働いた経験があります。

フランスでは日本と逆で、「子どもは人に迷惑をかけながら育つもの」という認識が持たれていました。子どもに限らず大人も同様で、自分がやりたいことは人がどう感じようとやるのがフランス人です。

その代わり、誰かが自由に行動した結果、自分が迷惑をかけられることに対しては寛容なのです。たとえば、歩きタバコをしている人がいても特に誰かが目くじらを立てることはないようでした。彼らは、他人がやっていることに、いちいち口をさしはさむのは格好悪いと思っているようです。というか、そもそも興味を持たないのでしょう。

不倫についても当然、実に寛容で、ミッテラン大統領が愛人について記者から質問を受け「それが何か？（Et alors?）」と答えたというのは有名な話です。さして大問題にもならず、彼の葬儀にはこの愛人も参列しています。

このように個人主義が貫かれている国もあるのに対し、日本は集団を維持することを重視します。

その理由を探る上で参考になるのが、２０１４年に『サイエンス』に掲載された、米ミシガン大学の研究チームによる論文です。

そのチームは、中国の米作地域と麦作地域について、社会心理学的な視点から、比較調査を行いました。

すると、同じ中国人であっても、米作地域のほうが周囲の人々との関係性が濃密で集団の意思を尊重し、麦作地域のほうが合理的な決断を下す傾向にあるということがわかりました。米作は麦作よりも多くの工程を必要とし、集団でなければ収穫が得にくいためにそうした結果につながったのだと、研究チームは考察しています。

となれば、租税を米で支払い、財産も米の収穫高を基準に算出されてきた、明らかに長らく米作地域であった日本で、集団を尊重する志向性の高い人々が淘汰の結果生き残ったのも自然なことのように思われます。

ただ、そうした向社会性が強い場では、合理的判断よりも集団の意思決定が尊重されます。つまり、「空気を読んで行動する」ことが強く求められるというわけです。

合理的で冷たい判断は、いかにそれが正しくとも、集団にとっては正しくない。そのため、そうした意思決定は廃されやすくなっているはずで、日本の歴史の流れにも数々の影響を与えてきたことと思います。

日本においては少数派だった、火山のために土が米作に適さなかったり、米作よりも海運が盛んであったりする地域、すなわち薩摩や長州の人々が、より合理的な意思決定を選択、採用したことで、大きな節目をつくっていったというのは示唆的です。

「災害大国」で生き延びてきた日本人

もっとも、米作地域は日本に限らず世界中に分布しています。そのなかで、とくに日本人が集団を尊重するようになったのには、ほかにも理由があるはずと考えるべきでしょう。

まず考えられるのが、自然災害の多さでしょう。

実は、全世界におけるマグニチュード6以上の地震で見てみると、およそ2割にものぼる回数が日本で起きています。災害被害総額で見ても、やはり約2割を日本が占めています。地球上にある総陸地面積のうち、日本が占める割合が0・28パーセントであることを考えると、その頻度の異常さに気づくでしょう。

生き延びて繁殖するためには一見マイナスに見える、そんな条件の土地に住みながら、私たちはここまで発展してきました。これは、長い歴史のなかで、日本人が「災害に負けない仕組みづくり」に成功したということです。

災害の被害を最小限に止める工夫、災害からの復旧、そして復興。そのためには人々との強い協力関係の構築が不可欠であり、そこに集団を重視する性質が選択的に残される淘汰圧が働いたのでしょう。

個体の生命より、社会が優先？

極限まで働き続け、結果、死を迎えることになってしまった若い人に関するニュースが立て続けに報道されました。

よく耳にするのは「俺の若いころはもっと大変だった」という中高年の言葉です。どうもこの言葉の意味を吟味すると、二つの点から、知的水準のやや劣る人の発言のように感じられてしまいます。

一つには、かつて自分を見えないところでサポートしていた社会状況、会社などのシステム、他者からの好影響に関する考察が欠けている点。もう一つは、いま現在、大変な思いをしている人の「大変さ」を測ることは、ほぼ不可能であるということに、思考が及んでいない点です。

特に後者については、主観と客観の差異があるために、「もっと大変」というのは研究者でも比較することは難しいことです。第三者が定量化できる基準を導入して、ようやく測れるかどうかというところでしょう。

これらの点が、想像力と論理的な思考力に、ついにその年になるまで恵まれることがなかった人なのだろうかと、ちょっと悲しい印象を周囲に与えてしまうかもしれません。でも、ご本人は、ご自身の過去を誇らしく思い出すことができるだけの日々を送られているはずで、きっと毎日お幸せなことだろうと想像します。

良いか悪いかは別として、いずれにしてもあまり知性に優れた人であるとは考えにくい。上司であったとしたら、その程度の能力しかないのにもかかわらず生き延びてくることのできた運のいい人、と捉えることができるかもしれません。そうした観点からは、尊敬に値する人物ということもできるでしょう。

決して、頭の良さや鋭さが、生き延びるのに重要なわけではないということを、私たちは肝に銘じなくてはなりません。

これまで生き延びてきた、適当なことを言う人々の振る舞いをよく観察し、その鈍さや頭の悪さをひっくるめて、取り入れるべきところは取り入れたほうがよい特筆すべき資質である、と一つ一つを捉えなおす作業が必要だろうと思います。生き延びる、ということはそれだけで大きな勝利であり、価値なのです。

日本には、100年以上も続いている会社が10万社以上あります。これは、世界的に見ると、かなり驚異的な数字です。

一つの会社が100年を超えて存在するためには、時には個々の従業員の幸せよりも、企業の存続を優先して集団の意思決定を行っていかねばなりません。それは、欧米基準では考えにくいことかもしれません。

アップルやマイクロソフト、グーグルが、これから100年後も存在しているとは、おそらくそこで働いている人たちは、思っていないのではないでしょうか。少なくとも、そんなことのために働いてはいないでしょうし、そもそも自分がこの世からいなくなった後の会社のことなど、興味はないはずです。

とはいえ、日本人にだって、特に100年後の会社の将来について思いを巡らせながら働く、などという余裕のある人は少ないだろうと思います。多くは、自分が勤めている間は安泰であってほしいと思いはするけれど、100年後まで続くことを願っているわけではないでしょう。

しかし、実際に仕事をしている現場では、多くの人が「集団のために個を殺す」ことはままあります。

残念なことに、いまや「カロウシ」は、日本人がみんなのために命を削るほど猛烈な働き方をしていたことを象徴する国際語になってしまいました。

過労による病死や自死に関するニュースを目にするとき、「そんなことになる前に、できることがなかったのか」といぶかしく思ったりすることもあるでしょう。いくらブラックな会社でも、監禁して働かせているわけではないのだから、疲れ切る前に自分の意思で休むこともできたろうにと。

しかしそこには、透明な檻――集団の圧力が存在します。

会社の横暴な経営者から「倒れるまで働け」と不条理なことを要求されたのなら、かえって抵抗もしやすくなるというものです。しかし、上司や同僚などからの、「自分たちの大事な会社を守ろう」「みんなのために一丸となってがんばろう」という空気には逆らうことが難しい。

しかも、やっかいなことに、集団の圧力に屈することは快感だったりもするのです。日本人は特に、「みんなのために」犠牲を払って働くことで快感を得やすいのです。

「また、上司からいきなり呼び出されちゃって」

「今度の週末も仕事が入りそうなんだよ」

こんな文句を半ば自慢気に言いながら働いているのは、そこに「集団のために何かをしたい」というひそかな快楽が隠れているからではないでしょうか。

基本的に、人間は快楽のために行動します。一見、不条理に思えることでも、快楽が得られればその行動をとります。

ただ、その快楽は脳が感じるもの。実際に動いている肉体は疲労の極地に達しているわけで、やはり私たち日本人は、自分の働き方について真剣に考え直さなければならない時期に来ているということができそうです。

セクショナリズムという形で現れる社会性

従業員には終身雇用を約束する代わりに、その見返りとして、個を犠牲にして会社のために尽くしてもらう。

戦後の日本企業はその暗黙の了解のもとに、良質な労働力を確保し、成長を遂げてきました。その成長ぶりは世界が瞠目する華々しさで、一時はGDPにして世界第2位の経済大国を築く礎となった源が、この日本人の持つ性質にあったと考えるのは、特に不自然なことではないでしょう。

しかし、その象徴であった一流メーカーに、近年、問題が噴出しています。あまりにも日本的なその経営手法が限界に来ているのかもしれません。

『現代ビジネス』の記事（鴻海《ホンハイ》から来た新社長が吠える！「シャープにはガバナンスがなかった」http://gendai.ismedia.jp/articles/-/51223）で知りましたが、シャープを買収した鴻海の社長は、それまでのシャープにおけるプロジェクトの進め方を知って、ガバナンスがない、と驚いたそうです。

たとえば本来であれば同じラインでつくることができる二つの異なる分野の製品が、まったく別の工場で扱われ、互いにそのリソースを利用することもできない、といった、ひどく効率が悪いことが行われていたからです。同じ会社でありながら、違うリーダーに統率されているために、物理的資源のみならず知的資源さえも共有することができず、実に非合理的な意思決定がなされていたわけです。

これはシャープに限ったことではなく、日本企業特有のセクショナリズムによる現象の一つなのでしょう。

ある一つの工場や支店などのグループに属している人にとって、そのグループは自分を守ってくれる大事な集団です。その集団への愛着が強くなればなるほど、ほかのグループは仮想敵と無意識に認知されるようになっていきます。

たとえば、営業一課に属している人は、本来であれば二課も三課もいい業績を残してくれたほうが会社のためになるのですが、無意識的にはそれを望んでいません。ほかの課が優秀な成績を上げることは、相対的に自分たちのグループの立場が弱くなることと直結しますから、不快に感じるのです。

しかし、このようなやり方では、足の引っ張り合いが起きるだけで、人的交流もスキルの共有もできません。合理的な統合は図られず、知的財産を最大限に活用できません。その結果、大きなムダを生み出してしまったのが日本社会の業《カルマ》ともいえる集団性の強さです。

こうしたセクショナリズムは、すべて仲間意識の裏返しです。集団を守ろうとする向社会性の産物であり、同調圧力に屈しやすい日本人全体の問題でもあります。

日本人の抱える承認欲求の正体

ツイッターにおける言語別ツイート数を分析すると、ユニークユーザー数的には英語話者のほうが多いのですが、なぜか日本語のツイートが、異常なほど多いそうです。文字数等で正規化して調整（ノーマライズ）すると、日本語のツイート数が英語のツイート数を超えてしまうというデータもあるようです。

いま、世界的に広く使われているのは、英語やスペイン語、フランス語、中国語、ということになるでしょう(2017年現在)。

対して、日本語を話す人は基本的に日本にしかいません。このことを考えると、日本語のツイート数が英語を上回るというのは、たしかに尋常ではありません。

もちろん、ツイッター以外のSNS、たとえばフェイスブックの「いいね!」も多いだろうことが推測されます。

周囲から承認を得る、ということは、そのまま、社会的な文脈で考えれば、自らの順位が上昇するということになります。このことは、実際に出世したときなどと同じことであると認知され、同様の快感が得られます。

これを、社会的報酬と言います。時には、金銭的報酬には直結しなかったとしても、社会的報酬を求めて、人は行動するのです。

ネット上には、お金にならないのに自分の才能を使って表現し、そのスキルを惜しみなく分け与えている人がたくさんいます。実際に「才能の無駄遣い」などと称賛されることも多いようなのですが、シンプルに「もったいないな」と思います。しかしながら、彼らにとっては、知らない人たちから承認を受けることのほうが、お金よりはるかに大事なことなのかもしれません。

もしかしたら、こういったネットユーザーの求める承認は、いわゆる「名声」とは違い、もっと個人的な満足に近いものなのだろうかと考えることもあります。ネット上でのハンドルネームは著名になったとしても、彼らはリアル社会で有名人になろうとする行動をとるようには見えないからです。

この現象を見るとき、私は、数百年前の日本人の職人たちのことを想起させられます。かつて、日本の宮大工や仏師らは、素晴らしい建築物を建てても、仏像を彫っても、自分の名前は残さないことを美徳としていた、と言います。これは、あくまでその仕事を完遂するという目的のためにつくっているのであって、自分の名を後世に残したり、売り込んだりするという目的のためではない。自分の名前を後世に残すだとか売り込むだとかいうことは、恥ずかしいことだと考えられていたようです。

ヨーロッパでは作品に名前を入れるのが当たり前だったのに対し、ずいぶん奥ゆかしいと感じられるかもしれません。

しかし、これは危機感の裏返しであると見ることもできます。

広く一般に名前をさらすということは、知らない人たちからの攻撃対象にもなるということです。目立つことで人々から妬まれ、「失敗」を期待される。とくに、集団を守るために生け贄を必要とする日本社会では、人々は無意識のうちに、自らが生け贄となることを回避し、「出る杭」になって後々総攻撃を受けるリスクを高めてしまうことを避けてきたのかもしれないと思います。

承認はたくさん欲しい。けれど、目立って叩かれてしまい、排除のための攻撃を被るのも嫌だ。この非常に難しいバランスをとるということを、いまも日本に生きている人は暗黙裡に求められ、やろうとしているのです。

「悔しさ」の値段——最後通牒ゲーム

最後通牒ゲームと呼ばれる行動実験があります。内容を簡単に説明しましょう。

被験者に役割を割り振って、ある課題を行ってもらいます。

この課題では、二人一組になり、一方にはリソースの分配権が、もう一方にはその分配案に対する「受諾か拒否か」という判断の権利、拒否権が与えられます。

そして、受諾されればその分配案どおりにリソースが分けられ、拒否されればどちらもなにも受け取れないという結果が待っています。

たとえば、10万円があったとして、Aさんがそれをいくらずつ分けるかを決め、Bさんがその分け方でいいかどうかを判断するというゲーム、と考えればよいでしょう。

リソースが半々で分けられているときには、拒否権が発動される可能性はそう高くはありません。10万円を「5万円ずつ分けよう」とAさんが言ったなら、Bさんはたいていの場合はそれにOKを出す、ということになります。

しかし、この提案において、分配率が不公平なものになっていけば、拒否権が発動される率も高まっていきます。

実際には、分配権を持っている側の取り分が7割を超えなければ、拒否権発動は2割程度に止まるけれど、取り分が7割を超えると拒否権の発動される率が一気に8割を超えてきます。

つまり、この7割という数字が、不公平さを許容できるかどうかのギリギリのラインになっていると考えることができるわけです。

もっとも、よく考えてみれば実際には、ゼロ円よりは1円でももらえたほうが得なわけですから、「99パーセント私が取る」という分配案が示されたとしても、拒否権は使わないほうが合理的には正しい選択なのです。

たとえばAさんが9万9000円取ると言い出しても、拒否権を発動せず、その案を受諾すればBさんは1000円を手にできます。しかし、拒否したら1円ももらえないのです。

それでも、ヒトがこのように高い割合で拒否権を発動するのはなぜなのでしょうか。

それは「悔しさ」のせいではないでしょうか。

「本来であれば半々ずつ分けるのが妥当だろうに、なぜ私はそのような扱いを受けるのか。不当で差別的な扱いをしてくる相手が許せない」という認知が生じる、つまり悔しさの値段がこの数字ということになるでしょう。

「自分も1円もいらない。その代わりにおまえにも1円たりとも受け取らせない」

こういう思いが、私たちを合理的判断から遠ざけています。

相手の不正を許さないのは、協調性の高い人

「悔しさ」によって、合理的判断が下せなくなってしまう。

これは、私たちの生活のなかでもたびたび起きてしまう現象です。先にご紹介した最後

通謀ゲームでは、分配率がある一定のラインを超えると、被験者全体として見れば拒否率はぐんと跳ね上がるのですが、このとき、分配率がさほど不公平でない場合にも拒否権を発動しがちな被験者から、拒否権を発動したがらない（合理的な判断をする）被験者まで、その振る舞いにはばらつきがありました。

それでは、この拒否権を発動しがちな被験者と、拒否権を発動したがらない被験者の違いは一体何なのでしょうか。

悔しい気持ちを感じやすく、相手に一矢報いたい気持ちが強く働きやすいか否か、ということでしょうが、これは被験者の攻撃性の高さが異なるからなのでしょうか。それとも、合理的に判断できるかどうかという能力の差なのでしょうか。

こうした「拒否率の高い」被験者のパーソナリティについて、従来の心理学者たちの見解では攻撃性の高い人が拒否権を発動しやすいのだとされてきました。衝動的で相手に敵意を強く持ちやすい性格の人こそがそうなるのだ、という考え方です。

しかし、実際に被験者の性格検査を、NEO-PI-Rを用いて5因子モデルで行ったところ、協調性の高い被験者のほうが、拒否率が高くなることがわかったのです。

協調性の高い人は、集団全体の利益、つまり公共性やフェアであることを重んじるため、不正に利益を得ようとしている相手を許すことができず、「自分が損をしても一矢報いなければ」という行動をとる傾向がある、ということになるでしょう。

協調性の高い人たちに共通した脳の特徴

最後通牒ゲームを使って、制裁の感情が脳で生じるメカニズムについて興味深い研究を行ったのは京都大学の高橋英彦准教授です。

この学術論文は、２０１２年の『アメリカ科学アカデミー紀要』にも掲載されました。義憤に駆られて合理的ではない判断をした、協調性の高い人たちには、脳にも共通した特徴があります。

高橋准教授の研究では、ＰＥＴ（陽電子断層撮影法）を使って被験者の脳が調べられています。その結果、義憤に駆られて合理的でない判断を下す人たちの脳は、中脳の背側縫線核という、脳内でセロトニンを合成すると考えられている部位における、セロトニントランスポーターというタンパク質の密度が、ほかの人たちと比べて低いことがわかりました。

セロトニントランスポーターというのは、神経細胞から放出される神経伝達物質セロトニンを神経細胞に再取り込みするための「リサイクルポンプ」のような役割を担っているタンパク質のことです。

この密度が高ければ、セロトニンの動態という観点からは、脳内では活発に使いまわすことができるということになります。セロトニンは不安を感じにくくする物質であり、セロトニントランスポーターの密度が高い人は、楽観的な判断を下す傾向にあることがわかっています。

逆に、密度が低ければ、物事をいいかげんには考えられず、きちんと準備をする勤勉さを備えながらも「自分の尊厳が踏みにじられた」と感じたら、損をしてでも復讐せずにはいられなくなる性質を示すわけです。

なお、セロトニントランスポーターの密度は、後天的に激しく増減するとは考えにくく、遺伝的に決まる側面が大きいようです。

セロトニントランスポーターの密度を決める遺伝子は、S型とL型の2種類があり、この二つの組み合わせで「SS」「SL」「LL」の3つのタイプに分かれます。

そして、S型では密度が低く、L型では高くなります。つまり、「SS」タイプは非常に低くなるわけです。

日本人はS型保有率が世界中でも高く、7割近くが「SS」タイプです。「SL」タイプも含めたら98パーセントがS型を保有しています。逆に、「LL」タイプは2パーセントしかいないということです。こんな国は、世界中を見渡しても日本しかありません。

つまり、日本人の脳は世界のなかでも突出してセロトニントランスポーターの密度が低く、いいかげんに物事を考えるのが遺伝的に苦手なのです。

日本人は、普段は協調性が高いことはたしかでしょう。けれど、ひとたび「尊厳を踏みにじられた」と感じると、自分が損をしてでも一矢報いようとする怖さを持っていると言えます。

セロトニンが少ない日本人

セロトニントランスポーターの密度が低いということは、セロトニンが少ないこと、つまり不安を抱きやすいことを表しています。

日本人のセロトニントランスポーターの密度が飛び抜けて低いのは、日本という環境において、そのほうが生き延びやすかったからだと思います。たとえば、自然災害が多ければ、心配性なほうが、予防的対策が講じられて有利です。

南アフリカやアメリカなどは日本と逆で、セロトニントランスポーターの密度が高い人が多くなっています。移民国家では、リスクをとってでも新天地に向かうという、不安を感じにくいタイプの人が生き延びたために、そういう遺伝子が引き継がれているのでしょう。つまり、いまを生きている私たちは、過去によってつくられているとも言えます。そこには、努力では変えにくいこともあります。

たとえば、日本人の英会話能力が低いことは、セロトニントランスポーターの密度が低いことと大いに関わっていると考えることもできるでしょう。

もともとセロトニンが少ない日本人は、他国の人々よりも失敗に対する恐怖心や不安感が大きく、そのため英語を話すにも「間違ったことを言ってしまったら恥ずかしい」という思いが先に立ちやすいのでしょう。

セロトニンが多い人たちは、思い切った投資をしたり、遊びにも大胆にお金を使うことのできる脳を持っています。しかし、日本人には、不安を抱きやすい人が多く、老後のことが心配になるなどしてそれができる人が少ないと考えられるのです。

こうした国民性について、「ネガティブすぎる」とか「日本の常識は世界の非常識だ」と批判するのは見当違いでしょう。それは、後天的な思い込みの問題ではないからです。

第3章

倫理的であるということ

ています。

集団を支配する「倫理」

私たちは、いつも「倫理的であるべきだ」という圧力にさらされながら、日々を過ごしています。

愛情深くあるべきだ、美しく振る舞うべきだ（所作の美しさではなく、「みっともない」行いではない、という意味での美しさ）、正しくあらねばならない……。私たちは、こうした、明文化はされないけれども強固な「倫理」に、行動を縛られています。このような行動規範は、抵抗できない社会通念として現出することもあります。

多くの人がそういう考えを正しいと思っている（であろう）と私たちが認知するとき、それは私たちの前に「倫理」として立ち現れてきます。その規範に制限されながら、私たちは生きていく必要があります。さもなければ、逸脱した者、社会の秩序を壊しかねない者として、その社会から排除されてしまうかもしれない……と、その恐怖に駆られ、あたかも洗脳されてでもいるかのように、私たちはその「倫理」に従うべく、自らの行動をごく自然に無意識的に律していくのです。

生き延びるために集団を形成するという戦略を取ってきた人間にとって、そこからはじき出されることは死に直結します。

だから、集団を支配する「倫理」が、より大きな集団における正義とされる概念や、ユニバーサルに倫理的であると考えられている基準に合致しないものだと薄々わかっていても、唯々諾々と従ってしまい、時には他人に強要してしまうようになるのです。

怖ろしい話だと思うでしょうか？　いやいや、自分はそうはならない、と自信を持っておっしゃる読者の皆さんも、きっと少なくないだろうと思います。

私も、本書を選んでくださった皆さんのことを、善良な人々であると信じます。でも、次に説明する実験をお読みになれば、その自信が揺らいでしまうかもしれません。

ミルグラム実験の驚くべき結果

とても有名な実験です。アメリカの心理学者スタンレー・ミルグラムが、1960年代にイエール大学で行いました。

ミルグラムはまず、集めた被験者を教師役と生徒役に分けペアを組ませます。

教師役には、生徒役の被験者に対して問題を出し、答えを間違えたら、電気ショックを与えるよう伝えます。

最初に与えられる罰の電圧は45ボルト。答えを間違えるたびに電圧を15ボルトずつ上げていくようにと指示されます。

実際には、生徒役は本当に電気を流されることはなく、いわばサクラとしてショックを受けているふりをしているだけなのですが、そのことはもちろん教師役には知らされません。

135ボルトになったらうめき声を上げる。

150ボルトでは絶叫する。

330ボルトでは意識を失った無反応状態になる。

生徒役は、このような演技基準をあらかじめ、実験者から教えられて実験に参加します。

教師役は、指示されたとおりに問題を出し、生徒役が間違えるたびに15ボルトずつ電圧を上げながら、電気ショックを与えていきます。そして、生徒役も、指示されたとおりに苦しそうな演技をします。

教師役の被験者は合計40名。

その多くが、生徒役がうめき声を上げ始めたあたりから躊躇を示したものの、ミルグラムの「電気ショックによりどのようなことが起きても我々が責任を持つから、きちんと実験を遂行しろ」という指示に従ったのです。

実験を行う前に、心理学部の学生を対象にした予備的なアンケート調査では、このような事態を想像する学生はいませんでした。むしろもっと人間は「良心」に基づいてこうした行動を自制する者であり、ほとんどの教師役は生徒役に危険が及ぶようなショックを与えられないだろう、という回答が得られていたのです。

にもかかわらず、教師役の被験者は誰一人として、３００ボルトに達する以前に実験を中止することはありませんでした。40名中25名は、すでに電気ショックが大きすぎて無反応状態になっているにもかかわらず、最大上限の４５０ボルトまでスイッチを押し続けたのです。

電気が流れていないことを知っていたのは、生徒役とミルグラムだけです。教師役はみな、「もしかしたら生徒役が死んでしまうのではないか」と危惧しながらも、ミルグラムの命令に従い続けました。

この実験は、ヒトがいかに自らを過信しているか、そして、新聞広告を見て実験に参加を希望しただけのごく普通の市民が、どれほどあっさりと残酷なことをやってのけるか、ということを見事に示してみせました。

ハンナ・アーレントが激しいバッシングを受けることになった、アイヒマンは普通の人であった、権力によって残虐行為を実行させられたにすぎない、という主張は正しかったのです。心理学者の卵たちでさえ、ヒトが持つ「倫理」「良心」がこれほど簡単に崩壊し、別の基準に取って代わられてしまうことを、予測することはできなかったのです。

「正しい」人ほど、残酷な行為に抵抗がない

このミルグラムの実験を、さらに発展させた形の研究が、フランスのグルノーブル大学を中心としたチームにより、２０１４年に報告されました。

前項とも関連しますが、私たちは、あまり深く考えることなく、誰かに対して「あの人は××だ」と決めつけてしまいがちです。普通の市民ならば残虐なことをするわけがない。たいていの人はそう考えるでしょう。

これにはある一定のメリットがあり、属性をあらかじめ単純化しておくと、実際には非常に複雑な事象であっても、容易に理解できるようになるのです。つまり、脳が楽をできる、ということ。認知負荷が掛かりにくくなり、脳としては理解にかけるコストが安く済むので、こういった現象が起こるのです。もちろん、デメリットもあります。これは、相

手の立場やその人そのものに対する深い理解を妨げ、偏見や誤謬《ごびゅう》が生じやすくなる、という点です。

よく問題にもなり、議論になりやすい例は、彼は○○県出身だから××だ、とか、彼女は中卒だから××だ、というような、出身地や学歴を対象にした偏見だろうと思います。

また、彼は目をまっすぐ見る人だから性格がいい、信頼できる人物に違いない、という論理的には結びつきにくい、よくありがちな単純化された認知もあります。詐欺師はこうした誤認を利用して、ターゲットを操作していきます。

たとえば、礼儀正しく、倫理的にも「正しい」意見を持つ人、と聞いたら皆さんはどんな人を思い浮かべるでしょうか？　たいていの場合は、冷静で分別があり、理性的な振舞いをする人を思い浮かべるのではないかと思います。

しかし、グルノーブル大学の研究チームが発表した結果は、そうした一般的な通念とは真逆の、倫理的に「正しい人」像でした。彼らの研究報告によれば、こうした人ほど暴力的であり、破壊的であることがわかったのです。

実験では、あらかじめ心理検査をし、被験者を以下の二つのグループに分けました。

①普段から礼儀正しく、社会的に「正しい」とされる意見を持つ人々

②反体制運動家的な気質を持ち、一般的に敬遠されがちな人々

そして、このどちらにも、同じようにミルグラムの実験に教師役として参加してもらいました。

すると、①の正しい人々は、研究者から「命令」されると、生徒役に対して残虐な行動をとり続けることがわかったのです。

一方、②の人々は、実験者の命令を聞き入れず、生徒役に暴力を加えることを嫌がりました。

いかがでしょうか。一般的な見方では、①の人たちは温厚で良心に従った理性的な行動をとり、②の人たちこそトラブルメーカーで破壊的だと考えられているのではないでしょうか。しかし、結果は真逆の実態を暴き出すものでした。

ルールに従順であるがゆえの弊害

この違いについて、興味を深めた研究チームがより詳しく調べてみると、反体制的な人々は、そうでない人に比べて、他人に危害を加えるのを嫌うことがわかったのです。さらに、彼らは、他者から命令されて何かを遂行するのを嫌うこともわかりました。

こういった反体制的な人々が社会的に容認されにくいのは、ひとえに、その社会の「倫理」に従わないためであり、人にどう思われようと、自らが正しいと考えるモラルを貫き通してしまうからだ、という見解を研究グループは表明しています。

逆に、「正しい」人が命令のままに残虐な行為を行うのは、「命令者を怒らせたくない」「その場を支配する『倫理』に従わなければならない」という圧力を感じやすく、そのために、自分の意思をその命令に反してまで貫き通すことができないからだといいます。これが、冷酷で非人道的な行為であっても厭わずにやってのける素地となるのです。

だからといって反体制的な性格であることを推奨しているわけではありません。しかし、特定の環境下では、倫理的に「正しい」という評価を得ている人が、あたかも豹変したかのように暴力的になる、ということが起こり得るわけです。本当は、豹変しているわけではありません。倫理的に「正しい」人は、自らの置かれている環境を支配する「ルールに従順である」だけなのです。

ジンバルドーの「スタンフォード監獄実験」

2002年に日本で公開され話題を呼んだ『es』というドイツ映画がありました。

その題材になったのが「スタンフォード監獄実験」です。

1971年、アメリカの心理学者フィリップ・ジンバルドーは、普通の人が、何らかの役割を与えられると、どのくらいその役割に合わせて行動してしまうか、ということを調べるために、一つの実験を開始します。

彼はまず、スタンフォード大学の地下実験室を刑務所のように改造しました。そして、新聞広告などで応募してきた人たちから、21名の被験者を選びます。

そのうち、11名を看守役に、10名を受刑者役に振り分けました。

よりリアリティを増すために、実験に参加する際、受刑者はパトカーを使って逮捕というシーンが演出されました。さらに衣服も囚人らしいものに着替えさせられ、足首には南京錠をつけた足枷《あしかせ》まではめて自由が奪われた状態にされるなど、かなり細部まで入念に準備された実験環境が整えられました。

実験開始からまもなく、看守役は受刑者役に対し、自主的に罰則を考案し、それをどんどん実行するようになっていくことがわかりました。

便器を素手で掃除することを強制したり、バケツへの排便を指示したりなど、一般的な感覚からすれば随分と人倫にもとる行いです。前もって、禁止事項に含まれていた暴力すら、看守役は振るうようになっていきました。

もちろん、それらの行為に対し、受刑者役の被験者は抵抗します。しかし、看守役は、それをやめようとはしませんでした。これは実験である、という大義名分が与えられていたことも災いし、外の世界では通用しないことだとわかっていても、その環境にひとたび適応してしまえば、人はもともと持っていた良心などあっさりと捨てることができる、与えられた環境における新しい倫理観に従ってしまえるのです。

あまりにも残虐なことが行われていたために、心配した周囲がジンバルドーをいさめたのですが、彼はなかなか実験を中止しません。

ジンバルドーは後に、彼自身が「人間の心理を追究するため、実験者としての役割をまっとうしなければいけない」という思い込みに支配されてしまっていた、と述懐しています。

同じく心理学者であった恋人の指摘を受けた彼は、自分も冷静に自身のことを評価できる状態ではなくなっていたとようやく気づき、実験は一週間足らずで中止となりました。

さらにジンバルドーは「危険な状態であると認識できなかった」とも述べていますから、恋人の存在がなければ死者が出ていたかもしれません。

受刑者役の被験者には、拘禁反応のような様子を示して錯乱状態に陥ったり、逃走を試みる人も現れました。ところが、看守役は「2週間と聞いていたのに話が違う。予定どおり続行したい」と実験の中止に不満を示したといいます。

ミルグラムの実験は、指令を与える者の存在がどんな残酷なことをも可能にする方向へとヒトを動かしてしまうというものでしたが、この実験は、指令を与える者の存在は必要ない、ということを示しました。ヒトは「大義名分」さえ与えられれば、いとも簡単に暴走するのです。

アドルフ・ヒトラーと、サード・ウェーブ実験

さらに、ヒトが暴走する様子を、よりわかりやすく具現化してみせた実験があります。サード・ウェーブと呼ばれる実験で、ロン・ジョーンズという若い高校教師が企画し、行ったものです。

ジョーンズは、あるとき歴史の授業で、生徒たちから「なぜドイツ人はナチスを止められなかったのか？」という質問を受けました。自分たちだったらあんなことは絶対にしない、アメリカはあんな風にはならない、などと言って、生徒たちは半ばドイツ人を軽蔑す

るような主張をしたのです。

これに対して、ジョーンズは生徒を納得させられるような返答がうまくできませんでした。

そこで次の日、ジョーンズはある提案をします。今日一日だけ、このクラスだけの独自の厳しいルールを作ろう。それに従って振る舞うという運動を始めよう、というものです。そのルールを守ることによって、みんながどんな力を持つようになるか、実験してみよう、というのが生徒に伝えられた目的でした。

はじめは、ルール作りから始まりました。これは予告どおり、とても細かいものでした。ナチスも、細かい規律を定めることで、国民をマインドコントロールしていったと言われています。これは、人間の中に「グループの一員である」という自覚を生じさせるという効果があります。

さらに、単純作業を繰り返させれば、次第に個人の合理的な思考は弱まっていきます。共同体に所属していること、規則に従うことそのものが、人間にとっては根源的とも言っていい快感とつながっているからです。

すると、ジョーンズの提案では一日限りという約束でしたが、生徒は翌日になってもこのルールを守る運動を続けたがりました。

ジョーンズは逡巡《しゅんじゅん》しましたが、この運動を「ウェーブ」と名付け、続行することにしました。そして、より集団への帰属を深く認識させることにつながる、独自のあいさつなども考案されました。このあいさつは、第三者が見れば、やはりナチスが行っていた独特の挙手するスタイルを思わせるものです。

実験を始めて数日後、驚くべきことが起こりました。このクラスの授業の効率、生徒の成績がぐんと上昇していたのです。生徒たちは自信を持ち、ますます厳しい、新しい規律を求めるようになりました。

そして、自信を持った生徒たちは自発的に、「ウェーブ」運動へ他のクラスの生徒たちを勧誘し始めました。

ただ勧誘するだけなら、ほほえましいことのように思えるかもしれませんが、「ウェーブ」のメンバーである生徒たちは、勧誘を断られたり、そんな運動は気持ち悪いなどとけなされたりすると、暴力的な反撃をするようになったのです。自分たちの正義を認めない異分子の存在を容認しないのです。

そんな暴力的な手段で半ば強制的にメンバーにならざるを得なかった生徒も出てきまし

た。地域共同体や、思想や宗教を共有する集団、特定の会社、学校などの組織、一部のネット上のコミュニティなど、今の日本でも、多くの場所でこうした行動の片鱗が見られることと思います。

さて、学校中が「ウェーブ」のメンバーになるまでに、1週間もかかりませんでした。それでも「ウェーブ」の勢いは止まらず、この学校だけではなく、他の高校にも広がり始めたのです。周辺各地で、勧誘に伴う暴力事件や喧嘩も多発しました。ジョーンズはいよいよ危機感を覚えて、実験を強制的に中止しました。ウェーブ運動の中心者は誰だと思うか、という問いかけに、生徒たちは「ジョーンズ先生、あなたです」と答えます。

それに対して、ジョーンズは首を振り、本当のリーダーは彼だ、と言って大きく一人の男の顔を映し出しました。

映し出されたのはアドルフ・ヒトラーの顔でした。

生徒たちは、自らがこの一週間、ナチスの台頭を許したのと同じことをしてきたのだ、とここでようやく悟ったのです。泣き出してしまった生徒もいたといいます。

美しいことは、正しいこと

人間の脳は、個体として生き延びたいという機能と、種として生き延びたいという機能の両方を持っています。

もちろん通常は、個体を維持することが最優先です。が、人間は「社会性」を武器に生き残ってきた生物であるために、種の存続を図る機能として、個体としての生存よりも集団の存続を優先するためのシステムがいろいろと備わっているようなのです。

ヒトでは、集団を守るために個を犠牲にすることを「美しい」と感じさせるような脳の構造になっています。つまり、「倫理的」であることは、「美しい」と無意識に感じるようにできているということです。そしてそれは無条件に「正しい」と認知されがちでもあるということです。

たとえば、私財をなげうって被災地に多額の寄付をする、というような行為については、たいていの人が「正しい」「美しい」と、ひとまずは感動しなければならないことのように捉えるでしょう。もしかしたらその背後にはさまざまな思惑があるのかもしれない、と感じても、まずはそれを「美しい」と認める気持ちを表現しなければ、あの人は黒いとか、心が汚いとか、「人としていかがなものか」とされるカテゴリーに入れられてしまったりします。

ここで、その行為の裏側に目が向いてしまい、美しさを演出しようとする意図を感じて、それを美しくない、正しくないと思う人も当然、現れるでしょう。しかし、人間は、無理をしてでも「空気を読む」のです。すなわち、向社会的に振る舞います。自分がたとえそう感じていなかったとしても、社会から排除されてしまわないよう、わざわざ「美しいよね」と言うのです。これが、社会性と呼ばれるものの実態です。

社会性は人間の脳のなかで、比較的後から発達する領域が司っていることもあり、子どもの頃はあまりこういった向社会的なウソをつくことができません。また、社会性を身に付け始める思春期には、そんなウソを過度に醜く感じて反抗心が強くなったりもするのです。

ただ、そんな過敏で不安定な正邪に対する感覚も、大人になっていくに従って安定し、向社会的に振る舞っていくようになる傾向があります。

倫理的であることが理性を麻痺させる

ニューヨーク市立大学バルーク校の研究グループが、マクドナルドの模擬店舗を用いて面白い実験を行いました。

その模擬店舗を訪れた被験者には、用意された2種類のメニューリストのなかから一方が渡されます。サラダなど健康を連想させるメニューが載ったリストと、それが載っていないリストのうち、いずれかです。

その上で、最も太りそうな「ビッグマック」を選ぶ割合について調べました。すると、一般的な予想とは逆の結果が出ました。

すなわち、サラダが掲載されていないリストを受け取った群では約10パーセントだったビッグマックの注文率が、サラダが掲載されているリストを受け取った群では約50パーセントにも上ったというのです。

これは、人間が「良いこと」または「倫理的に正しい」なにかを想像しただけで、免罪符を得たような気分になってしまうことを表しています。

この実験では、「健康」という「倫理的正しさ」を扱っています。サラダが載っているリストを目にした人たちは、そこで健康という倫理的正しさを想像します。ただそれだけのことで、「私は健康について倫理的に正しいことを考えている」と判断し、「だから、ビッグマックを食べてもいいや」と自分を許すのです。

サラダが載っていないリストならばそんなことは起きないのに、なまじ載っていただけに免罪符を得てしまう……。

これと同様のことが、私たちの日常でも起こります。それが健康という個人的な問題で済んでいるならまだいいとして、そうではない「倫理的正しさ」に及んだとき、どういうことになるでしょうか。

「社会とはこうあるべきだ」

「人間とはこうあるべきだ」

常日頃より「倫理的に正しいこと」を考えている人ほど、脳にはたくさんの免罪符が貼り付けられており、結果的に「倫理的に正しくない」残虐な行動に走ってしまう可能性があるということなのです。

「正義」という名の凶器

「ポリティカル・コレクトネス」という言葉を目にする機会が増えました。ポリティカル・コレクトネスを直訳すれば、「政治的正しさ」となります。具体的には、職業・性別・宗教・年齢・人種……などによって差別や偏見を持ってはならないという意味を持っています。

また、最近では、「誰もが認める正しさ」というような使われ方もしています。

そして、そこ（誰もが認める正しさ）から逸脱した人を叩くという行為が目立つようになってきました。

とくに、匿名性の高いインターネットでは、それが苛烈になります。

「あいつが正しくないことをした」

「こっちにも正しくないことをしているやつがいる」

あちこちで行われる「摘発」に人々が群がり、正義を振りかざします。その様子を、「ネット警察がポリコレ棒（ポリティカル・コレクトネス警棒）持ってやってきた」とネットスラング風に表現して揶揄《やゆ》する人もいます。

フリーアナウンサーの小林麻央さんが亡くなられたとき、多くの追悼メッセージがネットに流れました。

そのなかで、タレントの松本莉緒さんがインスタグラムにアップした「あなたの分もしっかり生きます」というメッセージが、ひどくバッシングを受けたことがありました。

麻央さんの夫である市川海老蔵さんが、まだ正式な記者会見を行う前にアップしたということも批判の理由にあったようですが、「家族でもないおまえが言うな」「人の死を利用して自分を売り込むな」という内容の書き込みが圧倒的でした。

書き込みをしている人たちは、おそらく「残された海老蔵さんたちのことを思って」批判を繰り返したのではないでしょうか。その心の中には、正義感があふれていただろうと推察します。

「悪」を攻撃している〈わたし〉は素晴らしい

それにしても、いつから私たちはこんなにも「自分の正しさ」に揺るぎない自信を持ち、人を批判するようになったのでしょうか。

しかも、面識もなく、直接に害を与えられているわけでもない人まで対象にするという徹底ぶりです。

松本莉緒さんをネットで批判している人たちの大半は、おそらくそれまで松本さんに特別な関心はなかったのではないでしょうか。松本さんのインスタグラムを最初から見ていたわけでもないでしょう。実際のところはわかりません。しかし拡散された情報にふれ、そして怒っているように見えてしまいます。

だからといって、悪人なわけではありません。「人は倫理的にあれかし」と思うからこそ攻撃的なメッセージを発するのです。

自分とは関係のない二次的、三次的情報は、本来「どうでもいい」もののはずですが、オキシトシンによって「自分たちの社会を守ろう」という社会正義の姿をした情動が生起していれば、これを見逃すことはできなくなっていきます。

実は、私たちの脳は人から承認してもらうことでドーパミンが大量に放出され、その快楽はセックスと同等かそれ以上であることがわかっています。

この快楽を得るために、最も効率がいいのが「匿名で誰かを叩いて、それが多くの人から賛同してもらえる」というものです。

自分とはほとんど関係のない物事について社会正義を執行することで、見も知らぬ人々から賛同を含めたフォローを得られるのですから、その喜びと満足感は非常に大きなものになります。レバレッジが大きい上に、匿名なのでリベンジの危険もほとんどありません。

言ってみれば、私たちは「正義中毒」に陥っているようなものです。利他的懲罰の快楽を得るためにいつもいつも「叩ける材料」を探しているのです。

用心深い現代の若者たち

自民党を離党した女性議員の、秘書に対する乱暴な言動が話題になったことがありました。

議員にも言い分はあったでしょうが、生の音声を出されてしまったことが致命的でした。今後も同様の方法で、政治家や経営者など「強い人たち」のパワハラが暴かれていくことでしょう。

有名であればあるほど、社会経済的地位（Socio-Economic Status）が高い場合が多く、それによって「強者」として振る舞えるのがリアル社会です。

しかし、ネット社会においてはそうではありません。有名であるということは、こちらが知らない人たちから知られているということ。それは、いつ見知らぬ人たちから音声や画像、動画をとられ、それを「証拠」として攻撃されてもおかしくないということを示唆しています。

もっとも、そうした証拠によって攻撃されるのは有名人ばかりではありません。

たとえば、「お客に対する態度が悪い」という理由で店員の動画をとってネットに流し、匿名の第三者たちに批判させるという「制裁」が、平気で行われます。

しかも、本人に抗弁の余地は、実質与えられません。抗弁したらもっとひどい攻撃が加えられるというリスクがあるからです。

このように、法律の専門家によって慎重に扱われるべき証拠が、素人の手でネットに流されていくことは恐ろしい一面を持っています。こうしたことが許される社会では、人々は標的にされないよう、用心深く振る舞うしかありません。

実際に、いま、若い人たちはＬＩＮＥなどで本音を語らなくなっているといいます。ＬＩＮＥグループのメンバーではない人について軽い気持ちで語ったことでも、スクリーンショットで撮られ「あの人がこんなことを言っていたよ」と見せられてしまえば抗弁できません。

たった一言が動かぬ証拠となってしまう怖さを実感として知っている若者たちは、誰かに本音を伝えたいときには「会って話す」というのですから、なんだか時代が一周してしまった感があります。

ツイッターの世界に潜む罠

ツイッターは非常に少ない文字数で表現するツールである分、スピーディーに話が展開していきます。そのスピード感によって多くのユーザーの支持を得ているのだと思いますが、そこには「しずかに考える余裕」がほとんど存在しません。

普段、私たちがなにか意見を述べるときには、自分のなかに浮かんだ考えについて、脳の前頭前皮質で抑制をかけながら発言します。

たとえば、実際には100レベルの過激な内容が浮かんだとしても、前頭前皮質が抑制をかけてくれるおかげで、「こういう言い方をしたら誤解を受けるかもしれない」「まずは、少しずつ伝えて反応を見るべきだな」などと、よく制御された人々に受け入れられやすい発言ができます。

一方で、「瞬時に」が求められるツイッターでは、動物的に、時には情緒的に反応することになります。するとどうしても、冷静に考えるということができずに、その人が普段持っている無修正の思考が露出してしまうことになります。

それは、ツイートした人だけでなくコメントしている大勢の人たちも同様で、どうしても情動と情動のぶつかり合いになっていかざるを得ません。

「ちょっと面白いことを言ってみよう」といった軽い気持ちから発したギャグのつもりの一言が「悪意のある差別だ」ととられ、恐ろしいほどのスピードで批判のコメントが連なっていく……。ヒトは発言の真意を正確に理解しようとするより、利他的な懲罰を加えるほうにずっと快楽を感じるのです。

一回言ってしまったことは修正が利かず、言い訳をすればするほど騒ぎは広がっていきます。先にも述べたように、「正義中毒」に陥っている人々は、叩ける材料をいつも探しており、「ほんのちょっとのミス」も見逃してはくれません。飢えた肉食魚の群れの中に、おいしい肉片を落とすようなものです。

承認欲求ジャンキー

仕事が忙しいにもかかわらず、自分のフェイスブックへの反応が気になってしかたがないという30代の男性がいます。

彼は、外出中やランチタイムにたびたび自分の記事にチェックを入れ、「いいね！」が少なければがっかりし、なにか批判的なコメントでも書き込まれていようものなら、落ち込んで仕事も手につかなくなるといいます。

だったら、記事をアップするのをやめてしまえばいいのに、それもできないのです。まるで承認が欲しくてたまらない重症の中毒患者のように見えます。

また、ひと頃、「バカッター」などと呼ばれて、一般的な良識の範囲から逸脱した写真や動画を投稿することで、多くの人の注目を集めようとする人が続出しました。

コンビニでアイスクリームを販売するためのケースに横になった写真を投稿したり、売り物のおでんをつんつんとつつき、それを「けしからん」と攻撃するであろう人の姿をおそらく想像して、楽しげにその行為を続ける姿を動画にとって投稿したりした人たちのことです。この人たちこそ、「承認欲求ジャンキー」の典型と言えるかもしれません。

こういった人々が、かなりのコストをかけてまで、認めてもらいたがるのは、なぜなのでしょうか。

ラットを使った、薬物依存に関する実験があります。ラットパーク実験、と呼ばれるものです。もしかしたら、この実験結果が、承認欲求ジャンキーたちの振る舞いを読み解くヒントになるかもしれません。

ラットを狭いかごに入れたままにして、モルヒネ入りの水を用意しておくと、その水をどんどん飲むようになります。

ところが、ラットパークと名付けられた広々として遊び場もたくさんある飼育環境でオス・メス混ぜた状態にしておくと、モルヒネ入りの水があっても飲まないのです。

この実験におけるラットパークは、言ってみれば「リア充の楽園」です。そこにいるラットは、普段から満たされており、特にモルヒネ入りの水を飲んで快感を得ようとしなくても、充分に楽しい暮らしをしているために、あえて薬物による効果を必要とはしなかったのです。

ようするに、ストレスが少ない状態であれば、刺激的な快感は必要ない。けれども、何らかの要因によりストレスが高まった状態になると、刺激的な快感を得ようとして、その中毒になってしまう可能性が出てくるということになるでしょう。

セックスより快感

承認欲求を満たす行為は非常に快感が大きく、性行為と同等あるいはそれ以上の快感が得られるとする研究もあります。

薬物に限らずアルコールもギャンブルも承認も、中毒と呼ばれるものはすべて脳にあるドーパミンの機構にその原因を求めることができます。意志が弱いからそれをやってしまう、のではなくて、ドーパミンが分泌されることで脳が極めて強い快感を得られるため、どうしてもそれを繰り返してしまうのです。

たとえば、パチンコをやめられない人は、大当たりして玉がじゃんじゃん出るときに大量のドーパミンが放出されるので、「もう一回あれを味わいたい」と借金をしてまでパチンコ店に向かいます。

だから、賭け事で「ビギナーズラック」に喜んでいるのは、まず快楽を味わってもらって中毒にしたいという胴元の狙いにまんまとはめられているとも言えます。

SNSでの承認は、ただ褒められるだけでなく、人々が見ているなかで認められるのですから、それだけドーパミンも多くなり、強い快楽を得られることでしょう。性行為は基本的には一人を相手にするものですが、フェイスブックの「いいね！」は不特定多数から得られるという特徴があります。

お金もかかりませんし、性行為に至るまでの、デートの計画や面倒な段取りもしなくていい。自分が好きなときに、自分にとって都合よく加工した情報を発信するだけで、大勢から承認してもらえるというわけです。

となれば、ストレスでいっぱいの現代人が、「無理して恋人をつくらなくても……」と言い出すのも無理のないことかもしれません。

さて、承認欲求ジャンキーが手を染めるのは、「バカッター」的な行為だけではありません。自分は攻撃されることなく、多くの人の賛同が得られ、場合によってはむしろ喝采を浴びることができるかもしれない。それはどんな行為か、ここまで本書を読んでこられた方には容易に想像がつくでしょう。

「悪」を無理やりにでも見つけ出して「悪者」を設定し、我が身は大勢が支持するはずの「正義」を代表する立場に置いて、それらの「悪」を容赦なく派手に攻撃する、という行為です。承認欲求ジャンキーの最も危険な形が、正義ジャンキーという形で現出するのです。

もしも、自分がターゲットになってしまったとき、彼らの攻撃から身をかわすことは、かなり困難であると言わざるを得ないでしょう。

不寛容の無限ループ

ACジャパンのテレビ広告「苦情殺到！　桃太郎」が、いっとき話題となりました。昔話の「桃太郎」のストーリーをパロディ化した広告です。

オリジナルの桃太郎は、「おばあさんが川で洗濯をしているところに大きな桃が流れてきて、それを拾って持って帰ったら、そこから元気な男の子が生まれた」というエピソードからスタートします。

ところが、その広告では、おばあさんが流れてきた桃を拾うと、その瞬間から批判の嵐に晒《さら》されます。

「窃盗だろｗ」

「懲役何年？」

「ていうか、川で洗濯するなよ」

「謝罪会見マダー？」

このような、ネットならではの批判が次から次へと浴びせられ、びっくりしたおばあさんは、どうしていいかわからずに泣き出してしまうのです。

この広告が流されてすぐに、当のネットでは賛否両論噴出しました。

「心に刺さった」「よくできた広告だと思う」「本当に、こういうことはやめなくては」といった賛同意見がたくさんあった一方で、主に次のような反論も寄せられました。

「言論圧殺である。とくに、適切な批判を封殺しかねない」

「批判する側を、批判される側に回そうとする意図が感じられる」

こうした反応を見ていて、もはやこの問題は一種の無限ループに入ってしまっているのだと感じました。

ACジャパン側の意図としては、おそらく「むやみに正義を振りかざして人を叩くのはやめよう」と訴えることが目的だったのでしょう。話題になったことからも、ある一定の効果はあったと評価してよいと思います。これもまた、圧殺されてはならない一つの意見として尊重されてよいものです。

しかしながら、正義に訴える快感に貪欲なある種の人たちには、その広告自体が「正義を振りかざして意見している」ように見え、まるで合わせ鏡のように、正義を行使し続け、行使され続け、その価値は膨れ上がり、もはや止めることが難しいところまで来ているのかもしれません。

「自分こそが正しい」――正義バブルの時代

このACジャパンの広告に限らず、ネットではあらゆる事案に対して自由に意見が交わされます。

その自由さは魅力的ですが、なぜか、何事につけ「右派か左派か」「賛成か反対か」「進むか戻るか」といった二元論で語られていく風潮があります。そこでは、「あなたはどう考えるか」ということよりも「あなたはどちらのグループに入るのか」が問われているようです。

ネットの論戦には、いわゆる「論客」と言われるような人たちが意見を戦わせているものも多く見受けられます。

ところが、そうしたものを一歩引いて客観的に読んでみると、実は内容のあるやりとりにあまりなっていないことが多いのです。

双方が自分のアイデンティティを確認する作業に夢中になっており、相手の言っていることを理解したら負け、とでもいわんばかりに、ただの言葉の応酬を単調に繰り返しているようです。まるで「正義」側により近いのは自分だ、とマウンティング合戦をしているようにも見えてしまいます。互いに傷が深くなるだけで、時間をかけたわりには建設的な内容が導き出せていないようでもあります。

このようなことが起きるのは、「自分こそは愛と正義によって行動している」という確信が双方にあるからかもしれません。

となれば、「相手がなにか教えてくれるかも」という期待を抱く余地は互いに最初からないことになります。「間違っている相手に正義を教えてあげるのは、愛ある私の使命だ」とさえ、極論すれば思ってしまっているのかもしれません。いわゆる「聞く耳を持たない」状態と言えます。

最初から愛などというものを持たない、たとえばサイコパスなら、一円たりとも自分の利益に結び付かないやりとりに、時間を費やすというバカバカしい選択肢は選びません(知名度を上げれば収益に結びつくなど、利益が上がる場合は別ですが)。愛と正義に基づいているからこそ、情熱をもって、相手にその偏った倫理観を理解させようと、際限なく無駄な努力を続け、利他的懲罰を行うためだけに、延々と無意味な労力を費やすことができてしまうのかもしれません。

そして、そうした「愛と正義」、つまり倫理的であるということについての認知の歪みから、戦争が始まってしまうことさえあるのです。

第4章
「愛と正義」のために殺し合うヒト

集団リンチの裏側にある心理

1972年2月、昭和史に残る「あさま山荘事件」が起きました。

当時の新左翼組織「連合赤軍」が、盗んだ猟銃を持って一企業の保養所に立てこもり、一人で留守番をしていた管理人の妻を人質に10日間にわたって警察と攻防を繰り広げました。

最後は警察の強行突入の末、犯人5人が逮捕され人質は解放されましたが、警察官など3人の犠牲者を出しました。

この事件を解明するなかで、さらに恐ろしい「山岳ベース事件」が明らかになっていきます。日本赤軍のメンバーは、あさま山荘事件を起こす以前に、榛名山などの山中アジトですでに、自分たちの仲間を殺害していたのです。

森恒夫らグループの主要メンバーが言い渡す「死刑」、あるいは「総括」という名のリンチで、男女合わせて12名の若者が殺されました。

殺害されたのは全員20代で、なかには妊娠8か月の女性もいました。彼らのほとんどは、被害者であると同時に、先に死んだ人間にリンチを加えた加害者でもありました。

生き残って逮捕されたメンバーの一人は、のちに「あのとき、誰かが声を上げさえすれば、あれほど多くのメンバーが死ぬことはなかった」と述べています。

しかし、目の前で残忍な行為が繰り広げられており、それに参加しなければ裏切り者として「次のターゲット」になってしまうために、誰も「NO」と言えなくなっていたのです。まさに集団的極性化が起きて、個人が声を上げにくい場が形成されてしまっていたのです。

冷静な目で見れば「狂気の集団」としか言いようがありませんが、もともとは、一人ひとり正義を胸に秘め、理想に燃えた若者だったのかもしれません。

〝正義〟のもとに集い、熱い理想を共有している仲間ゆえ、そこから少しでも逸脱しようとする者を許すことができなくなり、ささいなことがきっかけで「裏切られた」という怒りが爆発してもおかしくはありません。

主犯格の一人である永田洋子は、悪魔のような女として報道されたようですが、もしかしたら人一倍オキシトシンの分泌量が多く、情が濃すぎるあまり仲間の裏切りを許せないタイプの人間だったのかもしれません。

いずれにしても、これらの事件は「共同体」があったからこそ起きました。そもそも攻撃し合う必要などまったくないところに争いが生まれるのは、そこに集団特有のさまざまなバイアスが存在するからです。

内集団バイアスと外集団バイアス

集団がつくり出す特有の意識について、白人の子どもたちを対象に行われた有名な実験があります。

その実験では、5歳から9歳までの子どもたちを、青いシャツを着たグループと黄色いシャツを着たグループに分けます。

その上で、「自分が属しているグループ」をつねに意識させるようにします。たとえば、テストを行ってグループの平均点を比較したり、「青シャツの中野くん」「黄色いシャツの高部さん」と呼びかけたりします。

こうしたことを1か月続けた後に、「二つのグループが競争したら、どちらが勝つと思うか」と質問します。すると、67パーセントの子どもが「自分たちのグループ」と答えることがわかりました。

さらに「次にグループ分けするとしたら、どちらに入りたいか」を問うと、8割以上が

「いまのグループ」と答えます。

つまり、いわゆる「身びいき」が、子どもの頃から起きているわけです。

ただ、シャツの色が違ったというだけでこうなるのです。そこになんらかの属性要素が加われば、それだけ身びいきも激しくなります。「私たちのグループ」に対する愛着がさらに深まり、オキシトシンも出まくることでしょう。

こうした身びいきを「内集団・外集団バイアス」と言って、集団内のことは高く見積もり、集団外のことは低く見積もるという性質が私たちにはあります。

この「根拠のない優越感」は集団の結束を強固にし、戦闘を有利に進めることができます。ゆえに、人間が生き残るためのシステムとして、内集団・外集団バイアスは「なくてはならない」ものとなっているのです。

生き延びてきたDNA

アメリカの心理学者M・シャリフらが、1960年代に「泥棒洞窟」という面白い名前のキャンプ場で実験を行っています。その地名から「泥棒洞窟実験」と呼ばれますが、この名称にはさしたる意味はありません。

実験では、まず10歳から11歳の白人の男の子を二つのグループに分けます。

そして、最初はお互いの存在を知らせずに離れた場所でキャンプさせます。

1週間たってから偶然を装って二つのグループを引き合わせ、綱引きなどのゲームをさせて対抗心をあおり、その後、食事や花火などのイベントを通して親睦を深めるように導きます。

すると、親睦どころではなく、相手グループのキッチンにゴミを捨てたり、旗を燃やしたりという敵愾心《てきがいしん》むき出しの行動に出ることがわかりました。

この二つのグループが、なんとか融和できたのは「共通の難題」に立ち向かったときでした。どちらもが使う水道管を修理するとか、エンジンのかからない邪魔なトラックを動かすといった、「お互いにとって必要で、かつ力を合わせないと解決できない」作業を共にすることで、最後は「一緒のバスで帰れないのはさみしい」というくらい仲良くなったことがわかりました。

つまり、本当はもめる必要などない人たち、場合によっては助け合うことができる人たちが、グループに分かれただけで、ちょっとしたことをきっかけにいがみ合い、相手を潰そうとするのです。

それは、元来、人は争うことが好きで、争うことによって生き延びてきたからです。

いま、この世にいる私たちはみな、生き残ってきた人間の子孫です。生き残るために戦って勝ち抜いてきた祖先のDNAを持っているわけで、基本的に争いを好むのは当然のことです。とくに、仲間がいて、「その集団を守らねば」という大義名分があれば、戦うことに対する抵抗感はひどく薄れます。

人間は、もともと戦うことが好き

VR（仮想現実）システムが発達したことで、ゲームアミューズメントの世界が大きく変わろうとしています。

ただ、VRになろうと、昔ながらのゲームセンターであろうと、人々が好んで楽しむコンテンツは「戦闘もの」です。

私たちは子どもの頃から、さまざまなゲームで遊んできました。雪合戦もドッジボールも鬼ごっこも、すべて争いごとです。

将棋も囲碁も勝ち負けを決めるものですし、ネットゲームで人気があるのは「仲間と組んで敵と戦う」タイプです。

つまり、人間にとって戦いは楽しいことで、私たちは、遊んでいるときでさえ〝戦いたがっている〟のです。

ただし、それはあくまでゲームの話であり、実際にはたいていの人が「戦争だけはしてはいけない」という認識を持っています。

戦後に生まれ「戦争は絶対にいけない」という教育を受けてきた私たちは、戦争を体験したわけでもないのに、強固な戦争アレルギーを持っています。

となれば、実際に戦争に行った人はもっと反戦意識が強いと思いがちですが、そうとも言い切れません。

私の祖父母世代は、太平洋戦争を経験しています。彼らのなかでも、とくに出征して無事に帰還した男性のなかには、空腹や劣悪な生活環境はつらかったが、戦うことそのものはむしろ楽しかったと述懐する人もいるのです。

ハンニバルの戦記がいまも多くの人々に愛読されているように、人は「こういう武器を用いて、こういう作戦で……」と、考えていくこと自体が好きなのでしょう。

いまでもアメリカには、「原爆を落としたことは良かった」と、平然と口にする人がいます。日本人が憎いからというよりも、戦争に勝つための作戦として正しかった、世界のルールを破った日本に制裁を加えた我が国は正しい、とそうした人たちは考えているようです。

人間はもともと戦うことが好きなのです。そしてそこに「正しい」が加われば、どのような残虐なことも実行できてしまうのが恐ろしいところです。

政治的信条は生まれつきのもの？

人々の「政治的信条」を決めるのはなんでしょう。

世の中の流れ。

影響力のある人物からの説得。

未来への不安や期待。

金銭的窮乏あるいは大成功など、自分を取り巻く状況の変化。

——そうした条件によって、たとえば「以前はリベラルだったけれど、最近は保守的になってきた」ということが起きるのでしょうか。

いま、世界的なナショナリズムの台頭が言われていますが、それは多くの人たちの政治的信条に、なにかの変化が起きている証なのでしょうか。

当然、置かれた環境によりその人の信条は影響を受けますが、実は、政治的信条については、生得的な傾向も要因にあるらしいということがわかってきています。

ご存じのように、アメリカは二大政党制の国で、保守的な人たちに支持されている共和党と、リベラルな傾向が強い民主党が政権交代を繰り返しています。そして、それぞれの支持者は、あまりその傾向を変えることはないとみなされているようです。

二つのグループの遺伝子を調べてみると、共和党支持者（保守的な人）と民主党支持者（リベラルな人）では、その脳に違いがあることがわかってきました。

脳には、DRP-2というドーパミン受容体がありますが、そのタイプによって、保守的な意思決定を快適に感じるか、リベラルな意思決定を快適に感じるかが決まってくるという研究報告があるのです。

顔つきや体型などには遺伝的要素が大きく関与するのですから、脳についても遺伝的に決まってくる何らかの傾向があることは少しも不思議ではありません。そして、その脳のタイプによって意思決定が左右されるのですから、政治的信条に遺伝的傾向が見られるというのもごく自然なことだろうと考えられます。

このことを突き詰めると、多数決でものごとを決めていく民主主義で勝つには、自分と同じDRP-2を持つ人間を増やすために子孫を残していくのが一番だという結論に行き着いてしまいます。聖書の教える、生めよ殖やせよ、という指針は、やはり正しかったのかもしれません。

新しい民主主義を模索する時代に入った

トランプ大統領は、自身の登場によって「アメリカが分断されてしまった」という批判に対し、「いま分断されたのではなく、アメリカはずっと二つだったではないか」という内容の発言をしています。

過激な言動で人々の内集団・外集団バイアスをあおり、オキシトシンを誘発させ「自分たちのグループを守れ」と内向きにさせている点において、彼がアメリカの分断を深めている部分はたしかにあります。

しかし、DRP-2に多型が存在することから考えれば、トランプ氏の言うとおり、アメリカは最初から二つに分かれていると考えることもできます。

それは、日本も同じです。

このように、政治的信条に生得的な部分があるとするならば、いまの民主主義のシステムはもっともっと改善すべき余地があるのではないかと思います。

遺伝的な要素が思考に関与するなら、一見、建設的に見える政策論争も、実は自分の考えを正当化するための舌戦にすぎないということになってしまいます。

ニューロポリティクスという、脳神経科学を用いた政治行動研究分野が注目を浴びています。いまのところはまだ、「選挙にどうやって勝利するか」「政局をどう乗り越えるか」といった側面において限定的にその知見が利用されるにとどまっています。

しかし、もっと先を見据えてニューロポリティクスを活用できるなら、たとえば、ビッグデータを分析し、大多数がある程度、満足できるような政策を導き出すといった新しい民主主義の形もあり得るでしょう。そういった可能性を、人類は本気で検討する時代に入っているのではないでしょうか。

宗教戦争はなぜ起きるか

佐藤優氏の『サバイバル宗教論』に面白いことが書かれています。

私たちはキリスト教やイスラム教などの「一神教」の人々よりも、「多神教」のほうが他人に対して寛容であるかのようなイメージを抱いています。しかし、佐藤氏によればそれは逆だというのです。

一神教では「神と自分」の関係しか見ていません。そのため、たとえ同じ宗教を信じている間柄であっても、ほかの人たちがどう過ごしているかについてあまり干渉しない傾向にあるそうです。

一方で、一つの神だけを信仰していない人たちは、あちこちに気が散って、他人の振る舞いについてとやかく言いたがるという主張です。佐藤さんの主張は共同体としての関係性の濃い集団のほうが他者についてより関心を持ち、そのことによって利他的懲罰を加える土壌ができやすいということだと思われます。

いずれにしても、本来、人々が信じるたいていの神は文上では平和を説いています。それなのに、その神と契約を結んでいるはずの人たちはなぜ宗教戦争を頻繁に起こすのでしょうか。不思議な感じがしないでしょうか。

宗教改革の立役者であったマルティン・ルターは、「国家や個人に対する罪よりも、さらに重いのが神に対する罪である」と述べています。

この言説に従えば、「最も重い〝神に対する罪〟を犯させる前に、その国家や個人は滅ぼしてあげたほうがいい」という考えすら成り立ってしまうのです。

「悪魔は誘惑し、神は殺戮する」と皮肉を言う人がいます。つまり、正義のためなら利他的懲罰としての殺人も許されるというわけです。

本書で述べてきたように、規範意識が高いところや、決めごとが多いところほど熾烈な争いが起きやすいという現実があります。

宗教における教義は、信じている人にとっては絶対的に正しいものです。その絶対的に正しいものに従わない人たち、つまり他宗教の人たちは、むしろ滅ぼしてあげることが「愛に満ちた正義」になり得る場合があるのです。

また、その「愛に満ちた正義」という最優先事項のためなら、その宗教の枠組みの中では多くのことが許されるということになります。

非宗教的な子どもほど寛容である

アメリカをはじめとしたキリスト教国家では、「信仰深い人ほど善良だ」という考えが浸透しています。ある調査結果では、アメリカ人の半分以上が「道徳的であるためには神を信じている必要がある」と考えていることがわかっています。

ところが、その思い込みを打ち砕くような研究結果が『Current Biology』に掲載されました。

その研究では、アメリカ、カナダ、ヨルダン、トルコ、南アフリカ、中国から、キリスト教家庭、イスラム教家庭、非宗教的な家庭を中心に（わずかに仏教家庭や、ユダヤ教家庭なども含まれています）、5歳から12歳までの子ども、1200人が集められました。

そして、お互いに関与し合い、コミュニケーションを必要とするゲームなどが行われました。

その様子を観察し分析すると、宗教的な家庭で育った子どもは、非宗教的な家庭の子どもに比べ、利他性が低く他人に批判的で不寛容であることがわかったのです。

また、宗教的な親たちは、非宗教的な親たちに比べ「自分の子どもは、苦境にある他者に対して同情的ではない」と感じていることもわかりました。

こうした傾向は、宗派に関係なく見られました。

教義という大義名分に従うことで、相手を攻撃することが許されるのなら、人間はいくらでも誰かを攻撃することができる。たとえそれが愛と寛容を標榜する宗教であっても、です。そのことが、この研究からわかったのです。

戦争に向かう脳

戦争は、同じ宗教を持つ者同士でも起こります。むしろ、その方が争いが激化する傾向が高いほどです。

「神と自分」の関係しか見ていなければ周囲に寛容でいられても、興味が他人に向かい始めれば戦争は起きます。

「あなたたちの振る舞いはちょっとおかしいんじゃないですか」という指摘を、二つないし複数のグループがし始めたときに、それがやがて戦争へと発展していくことがあります。あらゆる紛争は、愛から始まった小さな干渉から起こると言ってもよいくらいかもしれません。

たとえば、人工中絶を絶対に許さないとか、同性愛は認められないと考える人は、「神がそれを命じているから」守っているという場合が多々あります。

このとき、自分がそれを守っているだけなら問題は起きませんが、そうでない人がいることに気づいて、利他的な懲罰を含む干渉を始めるとき、過激な攻撃が行われることがあるのです。

やっかいなのは、干渉している側が、愛と正義に立脚しているという認識を持っていることです。

戦争に向かうときの脳というのは、相手をやっつけたいとか、自分たちの利益を守りたいということよりも、「正しい行動をとれていないあなたが、それができるように、あなたのためを思って」と考えている可能性すらあります。

もしこれが、自分の損得だけでやっているのであれば、もっと合理的な解決法を取った方が利得が高いはずですが、しかし愛と正義のために、それが見えなくなっているのです。

「戦争ほど非人道的なものはない」とよく言われます。しかし、これは逆ではないでしょうか。人として守り行うべき道を進んでしまうからこそ、違う道を進んでいる人を許せず、争いに発展することの方が根が深いのです。

実は、戦争ほど人間的なものはない、と私は考えています。

戦って生き延びてきた祖先のDNAを引き継いだ人間は、戦うことが大好きで、戦うことによってしか発展し、生き延びることができなかった。平和を語る前に、人間のこうした本質について目を向けることが必要なのではないでしょうか。

テロリストをつくるのは簡単

ニューヨークの世界貿易センタービルで起きた「9・11」テロのとき、旅客機ごとビルに突っ込むやり方が「カミカゼアタック」と呼ばれました。「カミカゼ」はアラビア語ではありませんから、日本語の単語をもとに、他のどこかの国の人が言い始めたことでしょう。彼らのなかにはいまも、特攻隊に対する独特な解釈があるのかもしれません。

戦後70年が過ぎたいま、日本国内では「なぜ、あんな無謀な戦争をしたのか」という考え方が大勢を占めているように見えます。しかし、おそらく当時は多くの人が、「こうまでされたら戦うしかない」と〝カミカゼ遺伝子〟を刺激され、突っ走ってしまったのでしょう。

そして、自爆テロは、当時の日本人の心情と無縁ではないと、諸外国の人たちは捉えているのかもしれません。

〝カミカゼ遺伝子〟を呼び覚まさせるような状況が生じたなら、いまの日本の若者とて、どうなるかわかりません。もし、自分の愛する家族を一人残らず奪われ、のうのうと自分一人だけ生き延びることを厭わしく思い始める状況に陥れば、その状況をつくった相手に対して、深い復讐心を抱くでしょう。

これは、日本人に限らず人類共通の情動です。そして、その復讐心が「神の教え」に適うものであれば、もう怖いものなどないのです。

このような人間心理を利用すれば、意図的にテロリストをつくることは容易にできてしまいます。実際にISは、この手法でテロリストを育てています。

もし、それに加えて脳科学に詳しい人間がいれば、さまざまな手を使って復讐心に駆られた戦士たちを作り上げることができるでしょう。

とくに、子どもはテロリストに仕立てやすいのです。

子どもは脳の前頭前野が発達していないので、まだ共感性が育っていません。ということは、相手の痛みを考えずに容赦なく攻撃することができます。そのため、子ども同士のいじめには、ときに大人の想像を絶する陰惨さが伴います。

こうした子どもたちに銃を持たせれば、純粋な気持ちで「愛と正義」のために人を続々と殺させることも可能になることでしょう。

ISが5歳の子どもにも銃を持たせ、人を殺すための訓練をしている画像がニュースで流れたとき、ここまで恐ろしいことをするものかと慄然としました。

「現代の病理」に逃げてはいけない

自分のために人の痛みを顧みないサイコパスは、時に連続殺人など残虐な事件を起こします。彼らは単独で、ひたすら自分の欲求を満たすために行動します。そこには、愛も正義も関係ありません。そもそも、サイコパスは愛も正義も感じることのない脳を持っているのです。

一方で、向社会性が強い人たちにとって、愛と正義は最も重要なものです。しかし、それによって極めて不寛容な社会をつくり出してもいます。

もっとも、誰しも自分が不寛容であるとは思っていませんし、ましてや自分が不寛容な社会を促進しているとも思っていません。

「愛の押し売りなんてしたくない」

「よかれと思って正義を振りかざし、人を傷つけるようなことはしたくない」

そう思っているのです。けれども、脳が愛と正義を優先し、寛容であることを阻《はば》むのです。

以前、一人の子どもの作文がネット上で話題を呼びました。

「もし、悪い人がいたらその人を排除すればいい」といった内容で、なんというディストピアだと、批判の意見が相次ぎました。

「悪い人を排除すればいい」という考え方がディストピアだとわかっている人たちが、すでに、その子どもの考えを排除し始めているというわけです。「悪い人を叩く悪い人」をまた叩くというスパイラルが生じているのです。

このような不寛容性については、ネットが登場してまだ日が浅いために、「現代の病理」として捉えられがちな傾向があります。とくに、ネットをあまり使わない高齢世代なら、「いまの若者は病んでいる」という一言で済ませてしまうところかもしれません。

しかし、私たちの不寛容性は、想像するより、ずっと長い歴史を持っています。それは、人間は集団でなければ生きていけないということを実感として知っていた遠い祖先の時代から、私たちの脳に刻み込まれた生存戦略なのです。

愛が抱える矛盾

祖先から引き継いだ不寛容な私たちの脳は、オキシトシンによってその不寛容性が保持されています。つまり、愛が不寛容を裏打ちし、不寛容さが人間社会を強固なものにしているのです。

オキシトシンによる「愛」があふれ出たときに、人は思いやりに満ちた行動をとる一方で、ひどく不寛容にもなっていきます。「あなたのため」という愛は、実は自分の脳の快楽のためであり、自分の所属集団を守るためであり、それを阻む者を許すことはできないからです。

ここで、「愛は美しく、正しい」という思い込みにより思考停止すると、愛の支持する不寛容性に気づくことはできず、多くの人を傷つけることにつながります。

「あなたのためを思っている」という愛は、時に簡単に虐待に変わってしまうことさえあるのです。

娘を支配しようとする母親も、ネットで誰かを攻撃しまくる人も、いじめを行う子どもも、自分以外の存在に興味があり、「その人のためを思って」「よかれと思って」制裁を加えます。

東日本大震災を始め、大地震や台風、集中豪雨などの自然災害は次々と日本を襲い続けてきました。その歴史の中で私たち日本人はお互いを「守り合いたい」という思いを強く持っています。

それ自体は素晴らしいことだろうと思います。このようにして向社会性の強い集団として生き残ってきた日本人は、いまその能力を最大限に発揮しようとしているのかもしれません。

しかし、「よかれと思って」という気持ちと、その帰結とは、必ずしも方向性を一致させないのだということは、意識しておいたほうがいいでしょう。

東に向かって全力疾走しているつもりが、西に向かって暴走していた……。愛とはそうした矛盾に満ちたものと言えるかもしれません。時には美しい「愛」という情動の裏側にある闇を覗き込むことで、私たちの見ている世界がどれだけ正義や愛によって曇らされているかを、感じてみる必要があるのではないかと思っています。

著者略歴

中野信子
なかののぶこ

一九七五年東京都生まれ。

脳科学者、医学博士、認知科学者。東京大学工学部卒業。

東京大学大学院医学系研究科脳神経医学専攻博士課程修了。

フランス国立研究所にて、博士研究員として勤務後、帰国。

脳や心理学をテーマに、研究や執筆を精力的に行う。

現在、東日本国際大学教授。

著書に『脳内麻薬』『ヒトは「いじめ」をやめられない』『サイコパス』『心がホッとするCDブック』などがある。

テレビ番組のコメンテーターとしても活躍中。

幻冬舎新書 480

シャーデンフロイデ
他人を引きずり下ろす快感

二〇一八年一月二十日 第一刷発行

著者 中野信子
発行人 見城 徹
編集人 志儀保博

発行所 株式会社 幻冬舎
〒一五一-〇〇五一 東京都渋谷区千駄ヶ谷四-九-七
電話 〇三-五四一一-六二一一(編集)
〇三-五四一一-六二二二(営業)
振替 〇〇一二〇-八-七六七六四三

ブックデザイン 鈴木成一デザイン室
印刷・製本所 株式会社 光邦

Printed in Japan ISBN978-4-344-98481-3 C0295
な-17-2
幻冬舎ホームページアドレス http://www.gentosha.co.jp/
*この本に関するご意見・ご感想をメールでお寄せいただく場合は、comment@gentosha.co.jp まで。

幻冬舎新書

香山リカ
弱者はもう救われないのか

拡大する所得格差、階級の断絶……もはや日本だけでなく世界全体で進む「弱者切り捨て」。古今の思想・宗教に弱者救済の絶対的根拠を求め、市場経済と多数決に打ち克つ新しい倫理を模索する、渾身の論考。

岩波明
他人を非難してばかりいる人たち
バッシング・いじめ・ネット私刑《リンチ》

昨今、バッシングが過熱しすぎだ。失言やトラブルで非難を受けた人物には、無関係な人までもが匿名で攻撃。日本人の精神構造が引き起こす異常な現象に、精神科医が警鐘を鳴らす！

岡田尊司
あなたの中の異常心理

精神科医である著者が正常と異常の境目に焦点をあて、現代人の心の闇を解き明かす。完璧主義、依存、頑固、コンプレックスが強いといった身近な性向にも、異常心理に陥る落とし穴が。

榎本博明
病的に自分が好きな人

まわりとトラブルを起こしてばかりの自分大好き人間が増えている。なぜ増えているのか、なぜ自分にしか関心が向かないのか等、その心理メカニズムから自己愛過剰社会の特徴までを徹底分析。

阿部恭子
息子が人を殺しました
加害者家族の真実

連日のように耳にする殺人事件。当然ながら犯人には家族がいる。突然、地獄に突き落とされた加害者の家族は、その後、どのような人生を送るのか？　加害者家族の実態を赤裸々に綴る。

朝日新聞社会部
きょうも傍聴席にいます

長年の虐待の果てに、介護に疲れて、愛に溺れて、一線を越えてしまった人たち。日々裁判所で傍聴を続ける記者が、紙面では伝えきれない法廷の人間ドラマを綴る。朝日新聞デジタル人気連載の書籍化。

岡田尊司
過敏で傷つきやすい人たち
HSPの真実と克服への道

決して少数派ではない「敏感すぎる人（ＨＳＰ）」。この傾向は生きづらさを生むだけでなく、人付き合いや会社勤めなどを困難にすることも。過敏な人が幸福で充実した人生を送るためのヒントを満載。

榎本博明
母ロス
悲しみからどう立ち直るか

母の死は誰もが経験することだが、いざ直面すると、異常なほどの不安や怒りが込み上げてきたり、罪悪感に襲われるケースも多い。大切な人の死のダメージを軽減する手法を指南した一冊。